问 题 解 决 了

拆解一切难题的 6 步法则

（原书第 2 版）

［英］安东尼奥·韦斯（Antonio Weiss） 著

潘立春 译

机械工业出版社
CHINA MACHINE PRESS

本书介绍了一种由作者自创且已证实有效的问题解决方法，即OBTAIN流程法。遵循OBTAIN流程法，你所面临的最为棘手的商业问题都将迎刃而解。本书也是读者学习与掌握商业领域多种最实用的工具和技巧的参考指南。OBTAIN流程法在各阶段均运用了一系列不可或缺的商业工具，并通过详细描述、实例演示以及实用技巧和窍门，让这些工具的应用变得直观易懂，以期最大限度地发挥其效用。

本书主要面向企业高管、各级经理人、有进取心的管理者、管理行业的咨询顾问、管理专业的学生等。同时，它也适用于渴望掌握解决问题能力的各类人士。拥有行之有效的解决问题的方法论，可以助你运筹帷幄、乐在其中。

图书在版编目（CIP）数据

问题解决了：拆解一切难题的6步法则：原书第2版 /（英）安东尼奥·韦斯（Antonio Weiss）著；潘立春译. —— 北京：机械工业出版社，2025. 6. —— ISBN 978-7-111 -78488-3

Ⅰ. G442

中国国家版本馆CIP数据核字第2025RP1149号

机械工业出版社（北京市百万庄大街22号　邮政编码100037）
策划编辑：刘怡丹　　　　　责任编辑：刘怡丹
责任校对：李　思　王　延　责任印制：常天培
北京联兴盛业印刷股份有限公司印刷
2025年8月第1版第1次印刷
170mm×230mm · 17.75印张 · 211千字
标准书号：ISBN 978-7-111-78488-3
定价：69.00元

电话服务　　　　　　　　　网络服务
客服电话：010-88361066　机　工　官　网：www.cmpbook.com
　　　　　010-88379833　机　工　官　博：weibo.com/cmp1952
　　　　　010-68326294　金　书　网：www.golden-book.com
封底无防伪标均为盗版　　机工教育服务网：www.cmpedu.com

献给 Frank 和 Tess

对第 1 版的赞誉

"这是一本关于解决问题的杰出著作。它经得起时间的考验。"

安德鲁·梅（Andrew May），英国咨询协会研究员、
国际注册管理咨询师、英国皇家特许管理协会研究员

"本书文字睿智、优美，能切实帮助我们学会运用管理模型。"

玛丽安·劳德（Marian Lauder）
大英帝国勋章获得者、英国皇家特许管理协会研究员

"成功的企业不会逃避问题，而是积极解决问题。本书发人深省、引人入胜，能指导你如何解决问题，是管理者的必备指南。"

理查德·牛顿（Richard Newton），商业顾问、
畅销书《项目经理》（*Project Manager*）的作者

"经营企业的关键在于从全局视角看待问题。然而，很多时候，我们由于对问题把握得不准确而遗漏了真正的问题，曲解了线索，白白错失了宝贵的机会。只有事后回顾，我们才能明了原本应该做什么。这不是件易事，因此本书涵盖的工具和技能会对我们有所帮助。"

乔治·考克斯爵士（Sir George Cox）
受英国财政部委托编写的《考克斯商业创造力评论》
（*HM Treasury Cox Review of Creativity in Business*）的作者、
英国设计委员会前主席

"安东尼奥既是一位解决问题的专家，也是一位才华横溢的作者。本书所涵盖的重要商业技能将改变你的管理方式。"

安德鲁·谢尔顿（Andrew Shelton），独立咨询师

对第 2 版的赞誉

"企业每天都面临各类难题。通过易于上手的问题解决方法，韦斯将复杂的商业问题进行拆解，并以简明扼要的方式予以呈现，非常适合忙碌的企业领导者和各级经理人。"

坦尼娅·菲勒（Tanya Filer）博士
剑桥大学贝内特公共政策研究所数字国家项目负责人

"多年来在英国政府机关读了太多的官僚术语和冗长词调，安东尼奥倾情奉献的这本著作令我耳目一新。它不但易于理解、实用性强，而且极具启发性。"

乔纳森·斯莱特（Jonathan Slater）
伦敦国王学院客座教授，英国教育部前常务秘书长

"对于任何希望通过理性判断而非运气来获得商业成功的人士，此书是一本不可或缺的必胜指南。"

安德鲁·格林威（Andrew Greenway）
《大规模数字转型》（*Digital Transformation at Scale*）的作者

"本书不仅能帮助读者将模糊的问题清晰定位，还提供了一套解决问题的方法论。书中极具关联性的范例，让抽象概念变得生动，激发读者快速思考如何将其应用于自身的实际情境中。书中对于有效解决问题所需的人际互动见地深刻、引人入胜。"

皮特·赫利希（Pete Herlihy）
亚马逊网络服务首席产品经理，英国政府数字服务署前首席产品经理

V

"安东尼奥将复杂概念简易化，结合当今世界的案例分析，向读者展示了这些工具的实际应用，如此不仅易于理解，还能引发读者的共鸣。在这个瞬息万变的时代，企业领导者必须具备更卓越的批判性思维能力和更高效的问题解决能力，本书无疑是各级领导者的必读之作。"

阿比·阿加纳（Abbi Agana）

工商管理硕士、首席转型官

"对于追求高效的管理者而言，此书是一本实用且发人深省的指南。书中包含的问题解决方法（无论问题大小）值得每个人收藏。"

伊恩·卡拉瑟斯爵士（Sir Ian Carruthers）

英国国家医疗服务体系前首席执行官

引 言

商业问题解决之道

如今，每个人都看似问题重重。打开电视，你会听到政客们喋喋不休地说着"我们要先明确问题，再寻求解决办法"；商界人士则热衷于探讨如何寻找问题的解决策略；销售人员更是信誓旦旦地向你保证，他们的产品能够解决你所有的后顾之忧。凡此种种都像阿波罗 13 号登月任务中机组人员那一句著名的警告一样："休斯敦，我们有大麻烦了。"表面上看，每个人好像都知道如何应对问题：那还不简单，解决就是了。可实际上，却很少有人拥有行之有效的方法论，更缺少一本能指引他们成功解决问题的书籍。本书正好填补了这个空白。

本书阐述了如何解决商业问题，用两种独特的方式助你一臂之力。

首先，本书介绍了一种由作者自创且已证实有效的问题解决方法，即OBTAIN 流程法。此方法将指导你掌握解决各阶段商业问题所需要的工具与技术。遵循 OBTAIN 流程法，你所面临的最为棘手的商业问题都将迎刃而解。无论是"如何实现成本削减计划？"还是"如何提升团队士气？"，抑或是"应该采取何种战略？"，OBTAIN 流程法都能助你找到解决方案，而且还能带给你更多启发。

此外，本书是一本重要的参考指南，汇集了多种实用的商业工具与技术（详见引言中的列表）。OBTAIN 流程法在各阶段均运用了一系列不可或缺的商业工具，并通过详细描述、实例演示以及实用技巧和窍门，让这些工具的应用变得直观易懂，以期最大限度地发挥其效用。本书第 9 章 "主要商业工具和框架" 还将介绍一些额外的工具。尽管这些额外的工具并非直接适用于 OBTAIN 流程法中，但也不失为一种有益的补充，特此供你参考。

简而言之，本书既是指导你解决棘手商业问题的应对手册，也是帮助你掌握众多商业工具与技术的专业指南。

何为 OBTAIN 流程法

有效的问题解决之道需要在合理分析证据的基础上进行逻辑推理。OBTAIN 流程法（详见图 0-1）采用 6 步法，引导你逐步达成目标。

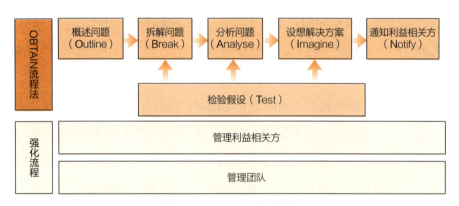

图 0-1 OBTAIN 流程法

- **概述问题（Outline）** 将问题凝练为需要达成的目标。明确目标后，进一步深入了解目标的相关背景。
- **拆解问题（Break）** 面对复杂棘手的问题，将其拆解为易于处理的子问题，能有效降低解决难度。然后，对这些子问题进行优先级排序，从而确保工作高效推进。

- **检验假设（Test）** 解决问题是一项费时费力的工作。为了迅速着手，应始终以假设为导向进行思考。这表示，我们不是先收集所有事实再构思解决方案，而是首先提出一个假设性的解决方案，通过测试以检验其可行性，然后再决定是否放弃或对其进行优化。

- **分析问题（Analyse）** 通过合理分析，验证假设，直至揭示问题的根本原因。

- **设想解决方案（Imagine）** 商业问题的解决方案往往建立在存疑的假设和薄弱的证据之上。要确保你的解决方案（根据各利益相关方的要求）是基于可靠的分析、有证可循的，这样才能够提出创新性的办法，赢得所有重要利益相关方的支持。

- **通知利益相关方（Notify）** 多数解决方案皆因沟通不畅而失败，因此本部分所涵盖的工具与技术将重点帮助你撰写引人入胜的工作报告和制作有说服力的演示文稿。

本书还特别安排了两章内容，作为 OBTAIN 流程法的补充部分。

- **管理利益相关方** 本章重点论述与利益相关方保持良好沟通和相互信任的重要性，以及作为最重要的利益相关方，你要时刻保持愉悦的心态是成功解决商业问题的关键。

- **管理团队** 一个情绪愉悦的团队更有可能成为一支优秀的团队。通过营造积极的团队氛围并致力于培养团队成员，你将带领团队全力出击，这样问题便迎刃而解了。

各种工具与技术

实用的商业工具与技术见表 0-1。

表 0-1　实用的商业工具与技术

工具与技术	目的	适用阶段
2×2 优先矩阵	设置工作的优先顺序	拆解问题
营销 4P 法则	制订营销计划	主要商业工具和框架
5 个为什么法	找出根本原因	分析问题
5 Cs 模型	了解某个企业	主要商业工具和框架
ABC 问题解决方案法	制订一个解决方案	设想解决方案
敏捷原则	让工作方式高效	管理团队
安索夫矩阵	制定增长战略	主要商业工具和框架
BCG 市场增长率 – 相对市场份额（简称增长 – 份额矩阵）	理解你的产品投资组合	主要商业工具和框架
贝尔宾团队角色理论	组建优秀的团队	管理团队
基准化	将业绩进行多方面对比	主要商业工具和框架
空白模型画布	测试新业务	主要商业工具和框架
头脑风暴法	赋予思维的创造力与想象力	主要商业工具和框架
创作演示报告	制作优秀的演示报告	通知利益相关方
网络安全	确保数据安全	分析问题
数据收集	收集必要的数据	分析问题
数据科学和人工智能	探索人工智能的适宜应用场景	分析问题
德·博诺的 6 顶思考帽	全面分析问题	主要商业工具和框架
多元化与包容性	打造更好的团队	管理团队
同理心映射	理解用户需求	分析问题
赢得信任	与利益相关方之间建立互信	管理利益相关方
给予反馈意见	发展团队	管理团队
假设树形图	检验假设	检验假设

工具与技术	目的	适用阶段
激励均衡模型	激励他人做出改变	设想解决方案
访谈	通过访谈获取你想要的所有信息	分析问题
问题树形图	拆解问题	拆解问题
IT-GROW 框架	帮助他人取得成功	管理团队
Kano 分析模型	取悦客户	主要商业工具和框架
麦克里兰的需求理论	激发团队	主要商业工具和框架
麦肯锡 7S 模型	理解目标战略	主要商业工具和框架
PESTEL 分析法	关注及分析变化	主要商业工具和框架
波特五力分析模型	了解所在行业	主要商业工具和框架
问题陈述	将问题总结在一页纸内	概述问题
产品市场契合度	发现机遇	主要商业工具和框架
原型设计	将潜在的解决方案原型化	设想解决方案
报告撰写	撰写一份有说服力的报告	通知利益相关方
服务映射	从用户视角了解服务	分析问题
电子数据表格建模	预测未来趋势	分析问题
利益相关方沟通	迎合利益相关方的需求	管理利益相关方
SWOT 分析法	了解某企业的优势和劣势	主要商业工具和框架
技术采用	匹配技术以满足需求	设想解决方案
用户研究	理解用户	概述问题
价值链分析法	实现价值最大化	主要商业工具和框架
VCPH 工具包	设定问题的背景	概述问题
工作与生活满意度	找出工作和生活满意的最佳结合点	管理利益相关方
工作计划	行动计划	拆解问题

本书适合哪类读者

本书主要面向企业高管、各级经理人、有进取心的管理者、管理行业的咨询顾问、管理专业的学生等，同时，它也适用于任何渴望掌握解决问题能力的各类人士。尽管书中介绍的工具与技术主要是围绕商业背景来设计的，但其中所阐述的理念与原则具有普遍适用性，可以灵活应用于各种场景。

需要注意的是，本书并不是一个罗列了解决特定商业问题的技术清单，而是为读者提供了一整套构建、处理和解决各类问题的方法论。如何具体应用和调整 OBTAIN 流程法的框架，将取决于问题本身；换言之，是问题在引领流程，而非流程限定问题。本书旨在成为你的助手和向导，帮助你掌握并运用 OBTAIN 流程法及其丰富的工具与技术。同时，你本人是问题解决成败的关键要素，在问题解决的环节中，你个人的直觉、洞察力和个性都至关重要。这本书会助你在解决问题的过程中运筹帷幄、乐在其中。

如何阅读本书

本书旨在实现双重目标：一方面，它是一本指导你解决商业问题的实用手册；另一方面，它也是一本提供主要商业工具与技术的详尽的参考指南。如果你希望将其作为解决问题的手册来使用，那么建议你按照书中的顺序线性阅读，并参照文中标注的相关章节和部分。如果你更倾向于将其作为参考指南，那么你可以根据需要自由翻阅。前文的表格可作为一张实用的导航图，帮助你快速定位所需工具。

本书中的范例说明

本书的每一章节都配备了范例，形象地介绍了特定工具或技术的应用场景和使用方法。需要注意的是，所有范例均是在真实的案例研究的基础上进行了必要的虚构处理，旨在阐明工具与技术的运作方式和效用。由于篇幅所限，这些范例可能会对某些问题进行简化，但其核心目的在于帮助你更深刻（并且尽可能有趣）地理解所讨论工具与技术的应用原理。

目 录

第 1 部分
用 OBTAIN 流程法解决商业难题

第 2 部分
商业工具和框架

第 1 部分

用 OBTAIN 流程法
解决商业难题

第 1 章
概述问题

01

概述问题阶段的目标：

◆ 确定问题所在，明确需要解决的问题。

涵盖的工具与技术：

◆ 问题陈述
◆ VCPH 工具包，即价值（Value）—背景（Context）—绩效（Performance）—假设（Hypotheses）
◆ 用户研究

本章中提及的补充工具请参阅第 9 章。

主要成果：

◆ 让所有利益相关方明确当前的问题所在。
◆ 了解理想解决方案的要素。
◆ 清楚交付解决方案的时间。
◆ 明晰问题的相关背景资料。
◆ 了解你的客户及其需求。
◆ 识别用户群体，并深入理解其需求。

OBTAIN 流程法

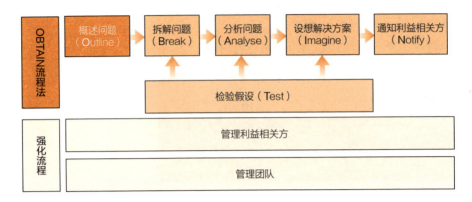

1.1 即便问题庞杂，也凝练于一页纸之内

主要工具：
- 问题陈述

基本原则：
- 将你和你的利益相关方需要知道的所有关键问题都列明在一页纸之内。

何为问题陈述？

在工作中，你是否曾感到迷茫，不确定自己的任务目标是什么？或许你对团队的目标有一个大致概念，但对于何时达成目标、如何判断目标是否实现却一无所知？又或者，你原本对任务有明确的目标、主题和期限，但你的上司在最后关头突然改变了想法，给你增加了一堆额外要求，这彻底打乱了你的工作重点？

上述问题的出现都源于在解决某个商业问题时缺乏明确的定义和规划。为了避免此类情况的发生，我们需要在着手工作前就对问题进行明确界定。这正是问题陈述的作用所在（见图1–1）。

问题陈述之所以重要，是因为它能够：

- 将问题转化为可执行的目标。

- 明确在问题解决过程中需要征求谁的意见，并向谁汇报最新进展。

- 为整个团队树立简洁、统一的目标和方向。

---

1. 亟待解决的问题是什么？
应以一句话概括问题，其中包含一个可量化的达成目标、明确的达成时限，确定所涉及的相关人员或机构

---

2. 谁是重要决策者？
- 由谁来决定是否实施所提出的解决方案？
- 这项工作的组织内部是否有高层支持？
- 这项工作是否需要顾问咨询（如指导小组）？

3. 如何确定成功标准？
- 质量标准是什么（如提高或保持质量）？
- 交付标准是什么（如何时到期）？
- 人员标准是什么（如保持和提升客户满意度，提振员工士气）？
- 成本标准是什么（如影响成本的因素）？

---

4. 工作背景是什么？
- 当下开展这项工作的原因是什么？
- 开展这项工作的时间表是什么？
- 该机构的历史业绩状况如何？
- 此前是否有从事类似工作的经历？

5. 工作范围是什么？
- 哪些属于这项工作的范围？
- 哪些不属于这项工作的范围？

---

6. 预期成果是什么？
需要提供一份书面报告、一个最终展示，还是形成一个财务模型？需要何时完成？最终由谁负责接收成果？

7. 团队成员有哪些人？
列明团队成员、各自职责以及主要的可行性约束

图 1–1　问题陈述

如何开展问题陈述环节？

一份问题陈述的篇幅应控制在一页纸之内，简要地概括出拟解决问题的关键要素。通常包含以下七个方面。

1. 亟待解决的问题是什么？

这是 OBTAIN 流程法中最为关键的一环。对此回答应简明扼要，不要超过一句话，并包含明确的时间限制、所涉及的相关人员或机构，以及清晰、可量化的成功标准来衡量工作流程或项目绩效。例如，如果贵公司（孔雀食品公司）计划在两年内将某款产品（如蟹肉棒）的利润提升 50%，那么此时"亟待解决的问题"就可具体提炼为："孔雀食品公司如何在 2026 年之前（以 2024 年为基准）实现蟹肉棒利润 50% 的增长？"在概括提炼此类"一句话"问题时，应思考亟待解决的问题是否涉及多个问题（此时需要针对每个问题分别提炼问题陈述），或者在拟实现的目标上是否需要更多的指导。

需要指出的是，此刻你做出的是一个隐性假设：回答提出的问题就等同于实际上解决了该问题。这种隐性假设比比皆是。例如，成功回答了"如何提高利润"，你就解决了盈利问题。但在某些情况下问题要复杂得多。例如，你可能认为只要回答了"如何吸引更多顾客来餐馆就餐"，就相应地解决了小吃店的利润问题，但事实可能并非如此（例如，食品价格可能无法覆盖生产成本）。在此类情况下，你就需要与团队成员更为精确地分析并提炼问题，以便进行更深入的研究分析（详见第 4 章）。

2. 谁是重要决策者？

"利益相关方"与"重要决策者"是两个截然不同的概念（详见第 7 章）。如果要详尽罗列多数问题涉及的所有"利益相关方"，那么就需要单独占用一整页纸。然而，"重要决策者"虽属于利益相关方，却仅限于几人，即那些对问题解决过程有着重要影响力的人。例如，对是否实施所提出的解决方案拥有决策权的人、掌握机构预算分配权的人、机构内某个具体项目的高级发起人、提供专业咨询意见且协助问题解决的指导小组或委员会成员等。

3. 如何确定成功标准？

该标准将帮助你明确并验证是否真正做出了改变，是否达成了既定目标。鉴于此，你应当仅选取那些可实际量化的成功标准，如图 1-1 所示。这些标准应涵盖以下几个方面：质量（在规定日期内计算残次率来衡量质量是否得到提升或保持稳定）；交付（在规定期限内完成所有预定产出）；人员（员工士气是否保持稳定或得到提振，客户满意度是否有所提高）；成本（在规定时间内实现利润的预定百分比增长）。应确保所有成功标准都符合 SMART 原则，即具体（Specific）、可衡量（Measurable）、可实现（Achievable）、相关性（Relevant）和时限性（Time-bound）。

4. 工作背景是什么？

具体需要回答以下问题：当下开展这项工作的原因是什么？当下问题产生的原因是什么？关键的时间节点和截止日期是哪天？预期的最终成果是什么（报告还是展示）？围绕该问题还有哪些历史遗留问题？在用 VCPH 工具包完成"价值—背景—绩效—假设"分析后，可能还需要对本部分进行相应的更新。

5. 工作范围是什么？

在问题解决的过程中，一个最常见的问题是"范围蔓延"，即原本看似小且可控的问题逐渐扩大。例如，你在一家生产饼干和冷冻食品的公司工作，你的老板最初只要求你提高棒棒糖的销量。尽管在接受任务时，你已经表达了对当前工作量的担忧，但随后，他又要求你同时提高冰激凌和饼干的销量，并声称他记得这一直是你的职责范围，而你早前已经同意了。显然，最初的任务范围至此已经发生了变化。假如你在一开始就和你的老板明确责任范围，并取得其书面确认和签字，那么即便任务范围出现变更，你仍可借助问题陈述作为依据来确认之前达成的共识。

6. 预期成果是什么？

一旦你熟练掌握 OBTAIN 流程法后，可能会因其易于应用而沉浸在解决问题的过程当中，却忘记了所有工作最终指向的都是终端产品。因此，重要的是与委托人坦诚沟通，尽早明确他们对最终成果的要求。最终成果可以包括多种形式：书面报告、项目展示、电子表格。无论何种形式，你都应清楚具体要求及预期完成的时间，这样你和你的团队就有了一个切实可行的目标以及明确的截止日期。

7. 团队成员有哪些人？

切勿忽视最关键的要素——团队本身。详细列出团队成员及其各自的角色定位，以及关键问题和限制因素，如时间等。

何时进行问题陈述？

启动 OBTAIN 流程法时，应用的第一个工具就是问题陈述。然而，在尝试回答问题陈述中所提出的问题时，你会发现可能还需要额外的信息，甚至需要做一些快速分析。由此，问题陈述环节应包含以下两个步骤：

（1）起草问题陈述：尽你所能地回答问题，并标注出需要进一步明确的地方。例如，如果任务是"提高本单位员工的留职率"，那么这个目标具体指什么？如何衡量你在实现这一目标上的表现？这就需要你从根本上明确派给你的任务究竟是什么。

（2）修改问题陈述：即便你对目标和时间节点已有清晰的认识，但在问题解决过程的第二阶段（详见第 1.2 节），你仍可能会遇到一些未预见的障碍。例如，如果任务与留职率有关，那么会突然面临某个部门的裁员问题。面对此类状况，你就要根据新情形修改问题陈述。尽量将问题陈述的修改限定在问题解决过程的早期。试着将问题陈述比作房屋的地基——一旦就基础性问题达成共识，通常便不再做改动。但是，如果在 OBTAIN 流程法中你意识到自己弄错了真正要解决的问题，那么就要立即停止并回到问题解决流程的起始阶段。虽然这可能会给你带来挫败感，但总比用错误方法解决错误问题要好得多。

如何进行问题陈述？

问题陈述应由问题解决团队负责起草（若该团队只有一个人，则由其完成），然后送交主要决策者商议以达成一致意见。这一过程确保了团队和决策者就问题解决的视角和理念形成共识。问题陈述一经确定，应定期回顾，以免在执行过程中偏离最初的工作范围或目标，或出现重心转移。

同时，应确保每位团队成员都已阅读并充分理解问题陈述的内容。对于在问题解决过程中加入的新成员，应尽快让其熟悉问题陈述内容以及 VCPH 工具包，以便快速掌握问题的核心。团队相关具体问题请参见第 8 章。

范例

为了更直观地理解问题陈述在实际工作中的应用，让我们通过一个具体事例来说明。丹尼尔是新闻力公司（一家全国性的新闻出版公司）的战略经理，该公司正致力于提高其旗舰报纸《记者报》（*The Reporter*）的销量。丹尼尔及其五人团队受战略总监的委托，负责制定一项战略，目标是在下一财年年末将该出版物的销量提升 20%。为了完成问题陈述的初步草案，丹尼尔建议团队抽出一个小时的时间。他准备了一张空白挂图纸，将其垂直固定在墙上，在上面画出问题陈述的七个方框，并写上标题（见图 1-1）。在向团队阐释问题陈述的概念后，丹尼尔作为主持人，组织团队成员共同对问题陈述中的每个问题逐一讨论。

首先讨论的是"亟待解决的问题是什么？"。一开始，团队成员普遍认为战略总监的指示已经相当明确。一位成员建议将问题这样表述："如何提升《记者报》的销量？"不过丹尼尔认为这个表述过于宽泛，因此他要求团队进一步思考：谁来负责这项工作？目标应如何量化？目标的完成时限是什么？然后建议将问题调整为："新闻力公司如何确保《记者报》的销量在 2021 至 2022 财年的基础上，到 2023 至 2024 年年底实现20% 的增长？"大家一致认为丹尼尔的这个界定要严谨得多。

关于重要决策者，团队成员认为虽然公司的公关部、财务部和销售部均为项目的重要利益相关方，但它们都不是重要决策者。重要决策者应是那些最终有权决定是否采纳丹尼尔团队所拟方案的人。无论诸如销售部等利益相关方对方案持何种意见，都只能遵循最终决策执行。据此，团队最终确定了四位重要决策者：战略总监、首席执行官、财务总监以及项目指导小组。其中一位成员提出，项目指导小组为公司内负责执行该项目的其他成员提供了参与的机会，使他们有机会评估团队所拟方案的可行性。

关于成功标准的确定，团队成员一致认为核心指标是销售量。但他们对于是否需要提升利润尚存疑虑（如果《记者报》的成本得以降低，或许不需要考虑提升利润），假设在报纸内容的质量保持不变的情况下。针对这些不确定的问题，团队成员在问题陈述中做了特别标注，以便日后进一步探讨。

关于工作背景，新闻力公司的全体员工都清楚地知道，近年来报纸的销售量一直在下滑，尤其是《记者报》的销量。因此，这一现象构成了问题陈述的关键背景。然而，丹尼尔希望团队成员能对此进行更深入的数据分析（详见第1.2节，了解如何运用VCPH工具包开展研究）。团队成员认为有必要提及战略总监任职时间不长，想必希望在公司中有所建树。丹尼尔认为这是一个重要细节，但也意识到战略总监会审阅问题陈述，因此他提醒团队成员记住这一点但无须将其写进问题陈述中，以免与重要决策者产生不必要的矛盾。

关于工作范围，团队成员明白他们的主要职责是提高《记者报》的销量，但仍再三确认了具体的工作范围（见图1-2）。关于预期成果，团队成员认为他们不仅需要向战略经理做最终的项目展示，还要向重要决策者提交最终的项目报告（预计在2月中旬完成，这与战略总监期望的交付时间大致相符）。丹尼尔建议团队成员对预期成果进行仔细审核。最后，他强调所有团队成员及全体工作人员应全身心投入到这项工作中。

丹尼尔向战略总监提交了问题陈述的初步草案（他认为战略总监是此项工作的重要利益相关方，详见第7章）。与此同时，他的团队已经开始着手问题解决流程的下一个环节——了解问题产生的背景（详见第1.2节）。

在深入分析问题背景的过程中，团队成员阅读了一份报纸出版业的行业报告，报告中披露了一个令人震惊的统计数字：过去三年，英国报业整体呈现每年3%的下降趋势。面对这一数据，丹尼尔和他的团队开始质疑原定的20%销售额增长目标是否过于乐观。因此，丹尼尔决定将这一发现汇报给战略总监。

经过与战略总监的商讨，项目的最终目标调整为销售额增长10%。同时战略总监告知团队成员，必须维持《记者报》的内容质量，并且报纸售价不得调整。关于预期成果的要求，战略总监表示，他期望指导小组审阅有关项目最新进展的中期展示，并在 3 月中旬将最终的项目报告提交给重要决策者。在获得了这些新信息后，团队成员最终完善了问题陈述（见图 1-3），并准备进入问题解决流程的另一个环节——分解问题环节（详见第 2 章）。

1. 亟待解决的问题是什么？
　　新闻力公司如何确保《记者报》的销量在2021至2022财年的基础上，到2023至2024年年底实现20%的增长？

2. 谁是重要决策者？
- 首席执行官
- 战略总监
- 财务总监
- 项目指导小组（有待确认，可能包括财务团队、战略团队和销售团队的成员）

3. 如何确定成功标准？
- 到2023至2024年年底将销量提升20%（在2021至2022财年的基础上）

> 注：是否包括《记者报》的成本及其内容质量等方面？待与战略总监确认

4. 工作背景是什么？
- 报纸销量总体呈历史性下滑趋势，《记者报》的销量尤其如此

> 注：是否有具体数据支持？

5. 工作范围是什么？
- 范围：仅限《记者报》的销量
- 不包括：公司其他出版物

> 注：是否还有其他不在工作范围的事情？

6. 预期成果是什么？
- 向战略总监做最终展示
- 向重要决策者提交最终报告

> 注：待与战略总监确认

7. 团队成员有哪些人？
- 丹尼尔（组长，全职）
- 萨斯（全职）
- 汉娜（全职）
- 齐娜（全职）
- 泰伦（全职至10月）
- 萨拉（全职至12月）

图 1-2　问题陈述初稿

1. 亟待解决的问题是什么？

　　新闻力公司如何确保《记者报》的销量在2021至2022财年的基础上，到2023至2024年年底实现10%的增长？

2. 谁是重要决策者？
- 首席执行官
- 战略总监
- 财务总监
- 项目指导小组（包括财务团队、战略团队和销售团队的成员）

3. 如何确定成功标准？
- 到2023至2024年年底将销量提升10%（在2021至2022财年的基础上）
- 保持《记者报》的内容质量不变（纳入公司年度质量审计）

4. 工作背景是什么？
- 过去三年英国报业同比下降3%
- 《记者报》的销量较上一年下降了0.8%

5. 工作范围是什么？
- 范围：仅限《记者报》的销量
- 不包括：公司其他出版物的销量以及《记者报》定价结构上的调整

6. 预期成果是什么？
- 向项目指导小组做中期展示（2023年2月14日）
- 向战略总监做最终展示（2023年3月16日）
- 向重要决策者提交最终报告（2023年3月23日）

7. 团队成员有哪些人？
- 丹尼尔（组长，全职）
- 萨斯（全职）
- 汉娜（全职）
- 齐娜（全职）
- 泰伦（全职至10月）
- 萨拉（全职至12月）

图 1-3　问题陈述终稿

要点提示

- 问题陈述虽然看似简单，却是问题解决过程中的关键一环，因此切勿匆忙完成。

- 为目标设定明确截止日期，不然可能导致工作无限延期。

- 确保与各重要决策者就问题陈述达成一致。问题解决流程初期是和利益相关方沟通协商与拟定预期结果的最佳时机。拖延越久，重新构建共同愿景的难度就越大。

- 确定成功标准时要客观和实事求是。最终要看你是否达成了既定目标，不是你承诺得有多豪迈。
- 应用解决问题的工具时，要遵守这些工具的核心原则，但必要时可以根据自己的需要予以调整。
- 应用 VCPH 工具包后，应检查问题陈述中的"背景"部分是否需要再次修改。

本节小结

- 问题陈述是成功解决问题的基础，能够帮助你明确界定当前的问题。
- 问题陈述能够防止你做出仓促决定，促使你充分界定拟解决问题的内涵和外延。
- 问题陈述是实现以下目标的重要工具：
  - 将问题转化为可实现的具体目标。
  - 明确谁是问题解决过程中的重要决策者。
  - 让团队成员方向一致、目标统一。
- 确保所有团队成员都已阅读并充分理解问题陈述内容。
- 在问题解决流程的初期可以对问题陈述进行修改。
- 如果你难以用问题陈述的方式清晰表述问题，则需要考虑你是否实际上面临多重问题，或者当前问题是否需要更多的信息。

你知道吗？

问题陈述并非仅限于在商业环境中适用。在学术研究领域，尤其是科学研究项目中，研究者们常常采用问题陈述的衍生形式来阐述其研究方案。这一方法通常被称为"主要研究问题"。

1.2　你要了解的关键问题

> **主要工具：**
> - VCPH 工具包，即价值（Value）— 背景（Context）— 绩效（Performance）— 假设（Hypotheses）
>
> **基本原则：**
> - 一切问题都是所处环境的产物，不了解相关背景，问题难以解决。

什么是 VCPH 工具包？

你是否有这样的感觉：尽管在做一项工作，但对其背景情况却没有深入了解；或者只有一种只见树木不见森林的感觉；又或者尽管你清楚自己在做什么，却不知道它对于企业的意义何在。

诸如此类的困惑往往源于对特定问题背后的背景和历史缺乏了解。要消除这些困惑，你需要了解问题产生的背景。在问题解决的初期，用 VCPH 工具包构建"价值—背景—绩效—假设"模型能够在以下方面为你助力：

- 明确正在解决的问题对企业的价值。
- 了解问题的相关背景。
- 比较企业内部和竞争对手的历史绩效。
- 确定解决问题的初步假设。

VCPH 工具包涵盖了一系列针对特定问题产生的历史根源及背景状况的快速分析，它能帮你厘清需要进行哪些分析（见图 1–4）。

图 1-4　VCPH 工具包

　　VCPH 工具包能够回应图 1-4 中列出的全部问题（请注意以上所列问题仅做参考，可根据实际情况予以调整）。形式上可采用项目展示（幻灯片）或简要的书面报告。

　　以上四组均列出了对理解问题背景极为关键的参考性引申问题。对这些问题的回答，将有助于你更好地解决当下问题。了解这类问题答案的意义如下：

- **价值**　界定问题的"价值"（无论是经济价值还是非经济价值）有助于说服某些积极性不高的利益相关方协助你解决问题。例如，通过"价值"分析，你可以让大家看到解决废物利用的问题能帮助企业在本财年节约 300 万英镑的成本。
- **背景**　了解问题背后的情境往往能揭示问题产生的关键原因。例如，通过背景分析得知，外部战略背景上，你所在的部门员工非常关注裁员问题，这很可能是导致当前生产效率低的一个主要原因。

- **绩效** 多数问题都与提高绩效有关。通过审视历史数据（即过往表现），你可以区分出哪些是正常现象或异常现象。季节性需求变化通常是一个很好的例子，它表明某些短期内看似异常的波动，实际上在长期趋势中是可以预判的。外部考核标准对于认清问题是企业特有的还是行业普遍存在的至关重要。最佳实践分析不仅能为问题的解决提供关键思路，还能帮助你比较所在企业与最佳实践之间的差距（有关考核标准的更多信息，请参阅第 9 章）。

- **假设** 无论对与错，每当你尝试解决问题时，往往已有人对问题的解决路径有了自己的见解（详见第 3 章）。尽管如此，你也绝不能跳过解决问题的完整流程，急于给出结论，更不能漏掉初步假设这一环节。相反，你应该将其纳入 VCPH 工具包并在随后的分析中加以验证（详见第 4 章）。若假设不成立，则果断舍弃。忽视初步假设这一环节的风险在于，那些提出假设的人和你不再同心协力，这样你就错失了重要的见解和视角。

怎样让 VCPH 工具包发挥作用？

VCPH 工具包涵盖了一系列与核心问题紧密相关的快速分析。你可以邀请企业内的其他人员帮助你解答这些问题，表 1–1 中列出了探索问题答案的部分路径。

表 1–1　VCPH 工具包探索问题答案的部分路径

亟待解决的问题是……（插入问题）			
	问题	分析	路径
价值	解决该问题对企业而言有何价值？	定性评估和定量评估	信息团队、财务团队；利益相关方磋商
背景	客户对企业有怎样的评价？	SWOT 分析法（参阅第 9 章）	团队分析

	问题	分析	路径
背景	该企业占多少市场份额？	企业的市场占有率	信息团队
	谁是市场的领军者？	本行业的领军者	信息团队
	有怎样的内部战略背景？	PESTEL 分析法 /SWOT 分析法（参阅第 9 章）	团队分析
	有怎样的外部战略背景？	PESTEL 分析法 /SWOT 分析法（参阅第 9 章）	团队分析
绩效	曾经的历史绩效如何？	对历史业绩进行定量分析	信息团队
	外部绩效考核的标准是什么？	用量化指标来评估竞争对手的业绩	行业报纸和报道
	最佳实践是什么？	解决类似问题时，行业内最强劲的竞争对手和其他行业的相关运营细节	行业报纸和报道
假设	解决该问题的初步假设是什么？	列出各类初步假设	团队和利益相关方磋商

用 VCPH 工具包构建核心问题框架时，请注意以下几个要点：

- 当前只是在为问题的解决奠定基础，而非实际解决该问题。因此，应迅速完成框架的构建，避免过分纠结细节。如果某个问题的答案暂时无法得出，不妨先跳过，待其他部分完成后再回过头来处理。

- 仅回答那些有助于解决问题的问题。在某些情况下，当前问题的历史业绩或者难以获取，或者相关性不大（如公司可能经历了重大的运营调整，历史数据的参考作用有限）。遇到了这种情况，无须担心，继续下面的步骤即可。

- 确保非专业人士也能够读懂 VCPH 工具包的内容。应用 VCPH 工具包的优势之一就是能够让新加入的团队成员快速理解问题的核心和重要事项。如果内容晦涩难懂，将大大降低其实用性。

何时应用 VCPH 工具包？

同问题陈述一样，VCPH 工具包的应用也是 OBTAIN 流程法的基础环节。因此，在完成问题陈述后，应立即着手构建 VCPH 工具包框架。由于 VCPH 工具包与问题陈述之间存在内在联系，利用 VCPH 工具包中的信息来补充问题陈述中"背景"部分缺失的细节，或根据 VCPH 工具包中的新发现来更新问题陈述中的相关内容。

如何应用 VCPH 工具包？

对整个团队而言，VCPH 工具包的应用大有裨益。它是一份参考性文件，提醒团队问题的重要性；也为问题的解决提供了可行的思路（尤其在确定初步假设阶段）。与问题陈述一样，所有团队成员都应深入理解 VCPH 工具包的内容（详见第 8 章）。有这样一份独立、完整的文件做参考，整个团队才能明晰自己面临的境况。

范例

艾德琳任职于一家名叫 E–Z 学习机构的企业开发部。该公司主要为成人学习者提供英语、数学和科学等在线课程，其业务遍及整个欧洲。目前，该公司正在考虑推出一系列新的语言课程，指派开发部对该项目进行可行性研究。在团队成员的会议上，艾德琳建议，在研究新课程的可行性之前，应先对公司的现状进行深入了解。她的上司采纳了这一建议，并给予团队一定时间用 VCPH 工具包进行分析。团队成员按照图 1–5 对任务进行了划分，图中可见该团队得出的大致结论。

在回答有关"价值"的问题时，艾德琳请求公司财务部协助其进行粗略估算，借助问题陈述（详见第 1.1 节）向团队阐述了正在着手的工

> **E-Z 学习机构是否应该在 2023/2024 财年推出一系列新的线上语言学习课程**

价值

解决该问题的价值
- 据估计，欧洲在线语言课程的市场价值约为 2000 万英镑，而 E-Z 学习机构的市场占有率约为 5%（100 万英镑）。课程开发成本为 50 万英镑（其中 25 万英镑为一次性投入）。预计第一年的利润为 50 万英镑，第二年增至 75 万英镑，第三年为 150 万英镑
- 扩大市场占有率的非经济价值

背景

客户对公司的评价
- E-Z 学习机构的 USP（Unique Selling Proposition，即独特卖点）是产品的质优价廉（超过 85% 的客户对该课程给出了"非常好"的评价，而价格仅为同类竞争者的 1/3）

公司的市场份额
- E-Z 学习机构的市场占有率约为 10%

谁是行业领军者
- 终身技能在线学习是欧洲最大的在线学习服务供应商，占有 75% 的市场份额

内部战略背景
- 目前每年的营业额为 180 万英镑（其中利润为 100 万英镑）
- 公司需要扩大品牌影响力
- 没有提供语言类课程的经验
- 绝大多数的客户是回头客（60%）

外部战略背景
- 职场人士对资质的需求日益增长
- 技术进步使在线学习更加便利
- 老年群体使用互联网的比例日益上升

图 1-5　艾德琳为 E-Z 学习

背景	• 终身技能在线学习可能会降低价格，这样 E-Z 学习机构的独特卖点就不存在了
	• 未来政府可能会引进免费在线语言学习课程，这可能是一个巨大商机
	• 网络供应商的费用有可能增加

绩效	**历史业绩**
	• 自 3 年前进入在线学习市场以来，E-Z 学习机构的利润呈稳步上升态势

时间	第一年	第二年	第三年
营业额（百万英镑）	0.7	0.9	1.5
利润（百万英镑）	0.3	0.6	1

• 在客户满意度方面，85% 的客户认为公司提供的产品非常好

外部绩效考核标准
• 市场领军者（终身技能在线学习）在在线语言学习课程领域的市场占有率为 75%，年收入约为 1500 万英镑
• 目前尚不清楚这些课程的客户满意度

最佳实践
• 第二大在线学习提供商永远学习拥有最高的客户满意度，其提供服务的模式与 E-Z 学习机构略有不同。E-Z 学习机构的全部课程均为在线提供，而永远学习则通过 "VIVA" 电话终端提供学习课程。据估计，永远学习的初始成本要远远高于 E-Z 学习机构

假设	**解决该问题的初步假设**
	• 部分公司高管认为 E-Z 学习机构应该进军语言课程市场，尽管短期内回报率可能较低，但是他们认为这是提升公司市场知名度的唯一途径
	• 其他人则认为网络供应商费用的增加可能是决定是否进入新市场的关键考量因素

机构设计的 VCPH 工具包

作。接着，她引导大家应用了 SWOT 分析法和 PESTEL 分析法，经过长时间的头脑风暴，团队完成了"背景"部分的内容（详见第 9 章）。然后，团队筛选出最相关的信息填写到 VCPH 工具包中。"绩效"的相关信息来源于公司的信息部和业界的知名报刊。"假设"的相关内容在公司内部虽已广为人知，但为保险起见，艾德琳还是与上司确认了自己对这些信息的理解是否准确无误。

在完成 VCPH 工具包分析后，团队成员确信他们已全面掌握了推出线上语言学习课程的相关背景。了解了这一决策的潜在价值，艾德琳团队意识到了这项工作的重要性。对背景信息和绩效信息的了解能帮助团队进行早期的分析，例如分析网络供应商费用增加对公司财务的影响等。在明了了上述决策的初步假设后，团队成员清醒地意识到，推出线上语言学习课程的决策在公司内部可能会遇到阻力，他们需要尽量避免这些阻力干扰他们的客观判断和分析。

要点提示

- 完成 VCPH 工具包后，应重新审视问题陈述，检查是否需要对"背景"部分加以更新。问题陈述是对问题的简要概括，篇幅应控制在一页纸以内，而 VCPH 工具包则提供了更为详尽的背景信息。

- 将 VCPH 工具包呈现的内容交给利益相关方审阅，使他们尽早参与进来。这不仅确保了思考过程的透明度，也为利益相关方提供了表达异议的机会。

- 切勿将 VCPH 工具包与解决方案的制订或分析过程混为一谈。VCPH 工具包应包含对问题进行详细分析时所需的信息，但其本身并非最终的分析。

- 避免重复工作。充分利用已有的历史绩效或考核标准分析数据，无论是来自企业内部还是外部机构。

- 在开展分析时，要敢于向专家咨询（先从企业内部出发，必要时也涵盖企业外部）。这可以节省大量时间。

- VCPH 工具包的问题设置应根据具体情况灵活调整，现有内容仅供参考。

本节小结

- VCPH 工具包为问题的成功解决奠定了基础。它有助于厘清问题的关键背景，能明确解决问题对企业的重要性。

- VCPH 工具包应用于问题解决流程的起始阶段，但对以下方面均有助力：
  - 向利益相关方阐释当前问题的重要性。
  - 强调实施解决方案时需考虑的背景因素。
  - 在解决方案生成后，为调整绩效提供基准。
  - 尽早验证主要利益相关方的假设。

- VCPH 工具包还可以用来向利益相关方展示此项目的最新进展和成果，获取其满意度反馈。

- 确保整个团队充分了解 VCPH 工具包的内容和发现。

你知道吗？

监管变化等背景因素可能会彻底重塑行业格局。例如，美国监管环境的变革直接催生了管理咨询行业的兴起。1933 年的《格拉斯 – 斯蒂格尔法案》（Glass–Steagall Act）禁止银行为一家企业既提供投资银行服务也提供零售银行服务。相关咨询顾问凭借其在成本会计方面的专业技能和丰富经验，成功填补了由此产生的市场空缺。

1.3 从用户视角看待问题

> **主要工具：**
> ◆ 用户研究
>
> **基本原则：**
> ◆ 用户永远是对的，任何时候都要理解用户。

何为用户研究？

　　用户研究是指倾听并理解对企业或组织至关重要的人（包括客户、利益相关方和员工）的需求、愿望及渴求等。这一理念源自商业领域中的"以用户为中心的设计"（也称"以人为本的设计"），其核心思想聚焦于两个基本原则。首先，真正优质的产品和商业能够完全满足客户的需求和偏好。其次，许多商业变革过于关注商业自身的需求（例如："我们的 IT 系统需要此类格式的数据"），而忽视了用户的实际需求。

　　用户研究提供了一种深入审视企业的视角。它引导你提出问题："人们真正想要的是什么？"通过解答该问题，你可以发现众多机遇：

- 剔除非增值活动，减少运营中的浪费。
- 开发新产品、服务及供给，满足市场中尚未满足的需求。
- 清晰明确地表述你尝试对企业做出哪些改变。

　　用户模型是进行用户研究的最好方式（见图 1-6）。

　　你是否曾购买过某一技术产品，却不确定它的具体用途是什么？你是否曾听见用户在打开应用程序时迷茫地问："我现在应该怎么做？"或者更糟糕的是，是否有人告诉过你要先阅读使用手册才能操作某些软件？这些都是缺乏充分、严谨的用户研究的典型表现。用户研究并非一次性活动，你应该在整个项目周期持续进行用户研究：在构思新想法时，在思索潜在解决方案时，在试图诊断问题缘由时，等等。

作为一名……（哪种类型的用户？）
我需要……（用户的意图？）
这样一来……（用户这样做的缘由？）

图 1-6　技术：用户模型

用户研究的重要性在于：

- 它让你能够通过最重要的人——用户的视角来观察世界（此法也同样适用于员工、合作伙伴或更广泛的利益相关方）。
- 它帮助你明确用户需求，从而解决特定问题。
- 它使你能够针对特定需求制订解决方案。

如何创建用户模型？

用户模型应将复杂的信息和研究凝练为一页纸的内容。其重要之处在于，它能清晰描述特定产品、服务或项目的目标受众及其需求。你可以采用多种类型的分析方法获取深入见解（即所谓的"混合研究法"），通常包括以下方式：

- 市场研究，以了解用户群体的特征和规模。
- 与用户群体中的实际人员进行交流。
- 数据分析，如进行市场调查或开展可用性测试，以收集用户需求或偏好的数据。

- 与外部专家进行验证。

应用这些不同类型的分析方法能帮助你确定三个关键因素：首先，你的用户是谁？其次，用户需要你提供什么？最后，用户为什么有此需求？

何时开展用户研究？

在 OBTAIN 流程法初期阶段开展用户研究，有助于契合用户的真实需求，防止过早提出不切实际的解决方案。需要注意的是，用户研究（以及了解用户的常规做法）并非一劳永逸，需要持续更新。因为用户偏好和市场都可能发生改变，甚至业务本身也可能在不知不觉中发生转变。因此，需要制订计划，定期与用户就项目研发进行测试。想要实现这一点，可以通过每次从目标用户群中招募新用户参与，或与已有用户建立长期联系，定期与他们交流。

如何开展用户研究？

用户研究能够指明方向。如果你苦恼于某个项目究竟服务于谁，那么用户研究和用户模型能帮你寻求答案。通过明确你的需求，也就是你希望为用户解决哪些问题，你就可以聚焦到这些问题上，从而提高效率，专注于那些真正重要的事项。

在实体办公环境中，一个实用的办法是，在办公室张贴用户模型以提醒团队成员他们的最终用户是谁。如果是线上或线上线下结合的办公模式，那么时刻提醒团队需要关注哪些用户群体则显得尤为重要。

此外，要警惕一叶障目、以偏概全。如果你仅从一个渠道招募用户，那么如何确保这些用户能够代表整个用户群体呢？如果用户因为参与调研可以获得报酬，那么他们是否只会说你想听到的话？你的用户在年龄、背景、种族和性别等方面是否具有足够的多样性？这些因素是否对拟解决的问题至关重要？尽管简单的一两句话难以解答上述问题，但通过不断地提出并回答这些问题，你就能更好地认识到是否需要采取行动防止用户调研存在任何偏颇情况。

范例

　　玛丽亚姆经营一家医疗保健初创公司，该公司致力于帮助用户在家中进行慢性病的控制。为了明确公司的服务群体和应该提供何种服务方式，她开展了一系列的用户研究。

　　用户研究分为三个阶段。第一阶段是市场调查，包括玛丽亚姆希望重点关注哪些地区（最初是北美市场），哪种慢性疾病（例如 I 型糖尿病），然后细分目标市场。随后，她咨询了部分临床专家。专家建议根据患者的诊断时间以及当前缺失服务的患者群体，将潜在用户群按照年龄和性别进行细分。基于这些建议，玛丽亚姆决定将初次用户研究的对象定位在近期被诊断患有 I 型糖尿病的 18~25 岁男性群体上。

　　第二阶段，玛丽亚姆从她所定位的细分市场招募志愿者参与用户研究。她在社交媒体上发布了招募公告（提供 50 英镑的数字代金券作为参与研究的酬劳）。同时，她意识到招募来源和酬劳机制可能会影响研究结果的客观性，这一点需要特别注意。在用户研究过程中，玛丽亚姆及其团队通过一系列开放性问题，深入了解了志愿者们的生活方式、职业状况、焦虑事由、健康考量以及他们对糖尿病诊断的感受和计划如何应对等。这些对话是自由进行的，伴有录音。

　　第三阶段，玛丽亚姆将调查发现进行整合，创建了一个用户模型，即一个虚构的人物，用以反映调查中发现的关键信息（见图 1-7）。

　　玛丽亚姆利用用户模型亚历克斯（Alex）与团队成员探讨他们的医疗保健公司的目标用户是谁，他们如何能让亚历克斯有更好的生活。

作为一名 25 岁的金融分析师，我最近被诊断患有 I 型糖尿病。

我需要一个值得信赖的地方，可以为我提供有效管控健康状况的专业建议，追踪我的健康数据，还能在必要时提醒我采取除常规监测以外的措施。

这样一来我就可以正常生活而不用时刻担忧我的身体状况。

图 1-7　用户模型范例：亚历克斯

要点提示

- 用户研究要简单明了。你的目标是识别高层次需求、专注于用户群体，无须了解每个潜在问题或机会的所有细节。
- 注意研究中的主观性。与少数人员的交流不能全面反映整个用户群体的情况。关键在于要知道这种主观性的存在，尽量降低主观性的可能。
- 广泛使用用户模型。你希望团队成员始终将用户放在心里，让他们切实认为"我们在为亚历克斯设计这个产品"。
- 研究方法要有创造力。采用混合研究法，结合调查、访谈、数据分析和观摩等多种形式，如此能创建一个实用性强的用户模型。

本节小结

- 用户研究有助于将真实的个体置于问题解决的核心。
- 运用多样化的研究技术，有助于深入了解用户动机和需求。
- 用户研究在问题解决的各阶段都有效用，无论是探索新机遇、测试解决方案，还是与利益相关方进行沟通。

你知道吗？

用户研究有着深厚的学科背景，它建立在人类学和人种学的基础之上，这些学科专注于研究人们的生活。麻省理工学院的学者唐纳德·A.诺曼（Donald A. Norman）于1988年撰写了一本具有开创性意义的著作——《设计心理学》（*The Design of Everyday Things*），这本书深刻阐述了以人为本的设计理念，至今仍是那些致力于将人类需求转化为优质设计的实践者的终极参考书。

概述问题阶段清单

在 OBTAIN 流程法的这一阶段，需完成下列事项：

◆ 对当前面临的问题进行明确的界定。

◆ 充分了解一个好的解决方案所带来的成效。

◆ 明确谁是重要利益相关方。

◆ 明确 OBTAIN 流程法的完成时限和预期成果。

◆ 团队成员均明确问题解决的重要性。

◆ 深入了解你的用户及其需求。

◆ 形成解决问题的初步假设。

任务重点：向利益相关方做初步展示

在 OBTAIN 流程法的这一阶段，向部分重要决策者进行初步展示是必要且有效的（利益相关方的管理与沟通，详见第 7 章）。在此过程中，你可以向他们汇报目前进展，并就接下来的计划征询他们的意见（如何进行项目展示，详见第 6.2 节）。切记，理论问题的解决只是成功的一半，你需要的是把主要决策者拉进来，确保他们实施你提出的解决方案。

拆解问题

拆解问题阶段的目标：

- 将当前问题拆解为易把握的子问题。

涵盖的工具与技术：

- 问题树形图
- 2×2 优先矩阵
- 工作计划

本章中提及的补充工具请参阅第 9 章。

主要成果：

- 将问题拆解为若干个独立子问题进行分析，有助于收集解决问题所需的信息。
- 制订工作计划，列明解决问题所需的必要分析，设定优先级别，实现最佳的投入产出比。

OBTAIN 流程法

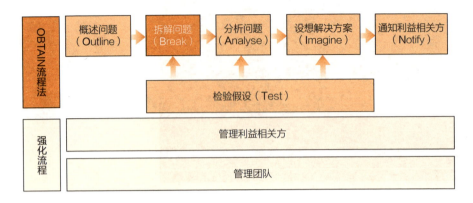

2.1 厘清混乱局面

> **主要工具：**
> - 问题树形图
>
> **基本原则：**
> - 每个问题都包含若干个组成部分。如果你能识别这些组成部分并逐一击破，再棘手的问题也能迎刃而解。

何为问题树形图？

面对一个重大的工作问题，你是否感到无从下手？投入数周时间进行了一项深度分析，你是否发现所投入的努力与当前的主要问题毫无关联？又或者，你独自埋头苦干，专注于某项分支工作，结果却发现已有同事在做一模一样的事情。

上述问题在商业领域极为常见，通常源于缺乏远见和规划、无法从全局角度分析问题、团队间沟通不畅等。问题树形图正是帮助你避免此类困境的有效工具。

问题树形图（见图2-1）与其他工具和框架一样，是进行逻辑性思维和结构性规划的重要工具。尽管听起来简单，但在实际问题解决的过程中，这种逻辑性和结构性往往是缺失的。在思考"我们亟待解决的问题是什么"时，问题树形图的重要性体现在以下方面：

- 将问题拆解为易把握的子问题。
- 确信你已经全面掌握了问题所在。
- 分工开展各自的分析工作，帮助问题得到有效解决。

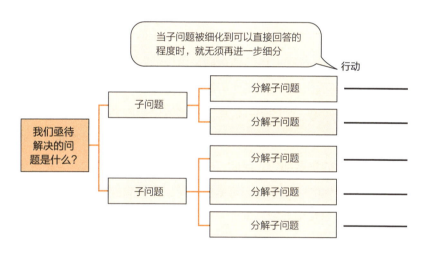

图 2-1　问题树形图模型

问题树形图如何运作？

问题树形图与问题陈述密切相关，应在问题陈述和VCPH工具包完成后予以应用。问题树形图的核心概念在于：任何问题，无论大小，都包含若干个组成部分。通过准确识别这些组成部分并逐一解决，便可将复杂问题转化为一系列易于把握的子问题。

在运用问题树形图时，首先在左侧明确标出"我们亟待解决的问题是什么？"，然后从左至右将该问题分解为与上一级问题相关联的子问题，直至最右侧的子问题能够通过独立分析得到解答。通过回答这些子问题，最初的问题（"我们亟待解决的问题是什么？"）也就迎刃而解了。

在运用问题树形图分解问题的过程中需遵循一条重要原则，即各组成部分必须"独立且完整"。具体来说，问题树形图需达到以下标准：

- **独立性**：确保每一列的问题相互独立，无须参照同列中的其他问题便可解答。这一点至关重要，因为如果问题之间缺乏独立性，那么由问题树形图衍生出的解决方案和分析就可能存在重复，进而造成人力、物力的浪费。例如，如果问题树形图中存在两个相似的子问题（例如"销售额能否得到提升？"和"当前销售额是否过低？"），并且分别由不同的团队成员负责回答，他们的工作可能就会重复。

- **完整性**：确保每一列的问题汇总起来能够全面回答它们所关联的上一级问题。遵循完整性标准对于问题树形图的有效运用至关重要，否则可能会遗漏问题的重要部分。因此，将确保完整性视为绘制问题树形图过程中最具挑战性的环节是有因可循的。可以邀请有经验的同事或专业人士帮助你审核问题树形图。例如，若问题树形图旨在提高生产力，但子问题只关注产出而忽略了投入，那么该树形图就是不完整的，因为它忽略了该问题的一个重要方面。

何时应用问题树形图？

问题树形图应在完成问题陈述和 VCPH 工具包后予以应用。也就是说，在界定了问题的范围之后，问题树形图便可列出解决问题所需的分析，从而帮助你构建合理的行动方案。

在运用问题树形图时，应注意以下两个要点：

1. **问题树形图并非静态不变**—— 我们总是希望能画出一幅完美的问题树形图，然后哪怕知道当前问题有了新情况，也固执地想要守着那幅图顽抗到底。尽管新情况可能会打乱原有的计划，让人产生挫败感，但如果对其置之不理，就会得不偿失。正如利益相关方的需求可能会改变问题的范围一样（不过问题陈述可以缓解这一点），我们的分析和思考也会随着解决问题的深入而发生本质性变化。因此，问题树形图需要不断更新。

2. **问题树形图可能并不完美**——世间少有完美之物。在设计树形图时，只要它有助于推动问题的解决即可，毕竟这个图是可以在日后完善的。

问题树形图适用于各种情况，其最终目的都是将问题拆解为易处理的子问题。该工具适用于各种问题解决场景：无论是希望迅速掌握问题解决之道的个人，还是希望制定来年规划的企业。

如何应用问题树形图？

绘制完问题树形图后，除非该图涉及个人利益需要保密，否则应与解决问题的核心成员共享该树形图。如此，团队成员均可了解当前问题所处的阶段，以及他们各自需要承担哪些任务、进行哪些分析（对应问题树形图右侧内容）。

范例

乔纳森是一家大型国际玩具制造公司的销售部副总经理。某天早上，他的上司——销售部执行副总裁——对公司最畅销的玩具"弹力球"近年来利润持续下滑的状况表示了担忧。乔纳森此前已被指派制定一项策略，目标是让该款玩具恢复高盈利水平。然而销售部执行副总裁迫切要求乔纳森在当天工作结束前递交解决方案。面对手中众多其他任务，乔纳森不得不将此项工作的大部分职责分配给销售部的员工。不过，乔纳森并不想简单地将问题抛给下属，他倾向于先绘制一幅问题树形图，用以指导销售团队从何处着手。如此，他既能确保团队成员分析问题的方向是正确的，又能在当天下班前向上司汇报出一些实质性的成果。于是乔纳森开始在白纸上绘制问题树形图（见图2-2）。

乔纳森深知拟解决的问题与提升弹力球的利润率有关。因此，首先他要列明的主要问题就是"如何提高弹力球产品的利润？"。从宏观角度来看，利润增长主要取决于两个因素：提高收入和降低成本。基于这一理解，乔纳森将这两个因素作为问题树形图的下一级垂直子问题。在收入方面，乔纳森列出的问题是"如何增加收入？"。这是一个典型的商业问题，通常受价格和销量两个因素的影响。而在回答"如何降低成本"这一问题时，乔纳森考虑到了原材料成本、员工成本和"其他成本"。（注：在树形图中保留"其他成本"有助于确保"完整性"原则得以贯彻；该"其他"项可以随时完善补充。）

乔纳森对自己绘制的问题树形图感到非常满意。他不仅对问题的主要部分进行了细致的分解，还增添了行动和分析清单，以便与销售团队共享。虽然他对某些细节，如"其他成本"的具体内容并不完全确定，但他相信这并无大碍，因为他的销售团队会对此进行更深入的研究。虽然该问题树形图只是初稿，尚待完善，但乔纳森相信，凭借问题树形图提供的行动框架，他在与上司的后续沟通中将处于有利位置。

在乔纳森完成问题树形图初稿的几天后，他的团队集中精力分析了弹力球的生产成本结构（有关工作优先顺序的更多信息，详见第2.2节），

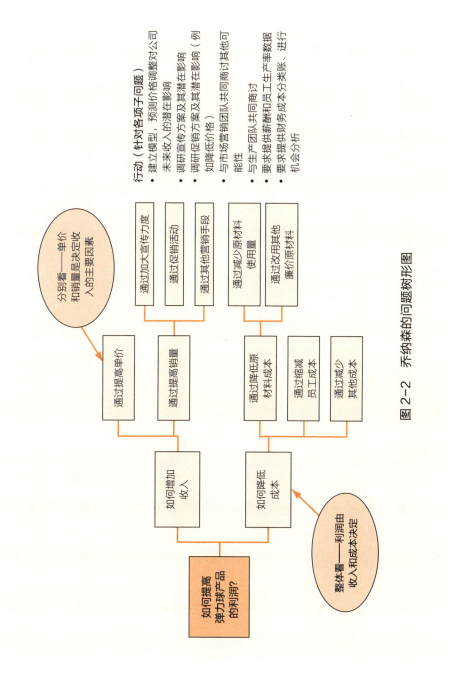

行动（针对各项子问题）
- 建立模型，预测价格调整对公司未来收入的潜在影响
- 调研宣传方案及其潜在影响
- 调研促销方案及其潜在影响（例如降低价格）
- 与市场营销团队共同商讨其他可能性
- 与生产团队共同商讨
- 要求提供薪酬和员工生产率数据
- 要求提供财务成本分类账，进行机会分析

分别看——单价和销量是决定收入的主要因素

整体看——利润由收入和成本决定

如何提高弹力球产品的利润？

如何增加收入
- 通过提高单价
  - 通过加大宣传力度
  - 通过促销活动
  - 通过其他营销手段
- 通过提高销量
  - 通过减少原材料使用量
  - 通过改用其他廉价原材料

如何降低成本
- 通过降低原材料成本
- 通过缩减员工成本
- 通过减少其他成本

图2-2 乔纳森的问题树形图

并得出结论：在现有条件下，降低成本的可能性非常小。因此，下一步工作的重点是如何提高销量。乔纳森的上司非常满意乔纳森此前的汇报，同时也指出目前的行动计划还比较笼统，希望下次汇报时能提供更为具体细致的行动方案。上司还特别提到，团队应该认真考虑名人代言对销量的潜在影响。尽管乔纳森尚不确定名人代言的实际效果，但他认为上司的评论中肯合理。于是他召集团队，建议他们根据这些反馈对问题树形图进行修改。图 2-3 展示了修改后的问题树形图。

在修改问题树形图的过程中，乔纳森团队的一位成员提议，引入著名的市场营销 4P 法则（更多信息请参阅第 9 章）作为完善问题树形图的理论基础。在明确了问题树形图右侧的具体行动措施后，乔纳森意识到应该将这些任务细化为四个部分，将其分派给相应的团队成员。此外，乔纳森不仅为每位成员明确了具体的任务和职责，还规定了两周的完成期限，要求他们在这段时间内提交调研成果。会议结束后，团队成员对各自承担的工作充满信心，对乔纳森在思考阶段和任务分配阶段展现的透明度表示赞赏。

要点提示

- 避免重复工作——运用成熟的商业框架，确保问题树形图"独立且完整"（见第 9 章）。如果问题涉及利润，那么第一列垂直子问题应分解为"收入"和"成本"两项。
- 记录并检验问题树形图中的现有假设，这些往往是利益相关方感兴趣的内容。
- 始终专注于拟解决的问题——避免进行与解决问题无关的分析，以免偏离主题。

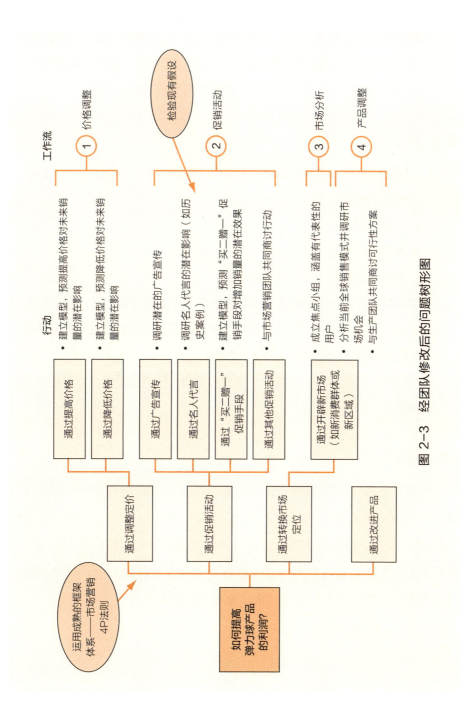

图 2-3 经团队修改后的问题树形图

- 将数学思维应用到"独立且完整"的原则中。如果问题是提高每位员工的生产力，可以使用公式"生产力＝产出量／投入量"，并将"产出"（即单位数量）和"投入"（员工数量）列为下一级子问题。

本节小结

- 问题树形图是一款可以确保思考过程具有逻辑性和结构性的简便工具。
- 问题树形图可用于：
  - 拆解问题。
  - 对不同问题进行逐一分析。
  - 确保对问题的各个方面予以审视。
- 在拆解问题时，问题树形图应严格遵循"独立且完整"这一黄金法则。
- 应在使用"问题陈述"明确问题范围后，绘制问题树形图，并且问题树形图应随着工作进展而不断更新完善。
- 问题树形图无须追求完美——只要它有助于提供清晰思路，能够推动问题进一步分析即可。

你知道吗？

问题树形图背后的原理——将问题拆解为小的组成部分——正是现代商业领域的一项重要原则。20世纪初，亨利·福特（Henry Ford）开创的"流水线"生产方法取得了革命性的成功。该方法与问题树形图的原理有着异曲同工之妙。通过将汽车生产流程分解为各个零部件的生产，然后将其组合拼装成标准T型车，从而实现了效率上的最大化。

2.2 设定工作优先级别，提高效率，实现最佳产出比

> **主要工具与技术：**
> ◆ 2×2 优先矩阵
> ◆ 工作计划
>
> **基本原则：**
> ◆ 某些问题相对于其他问题尤为重要，应优先处理。

何为 2×2 优先矩阵？

你是否曾感到自己手头的事情对整个工作而言无关紧要，或者觉得精力都浪费在了细枝末节的琐事上，又或者面对一长串的任务清单茫然无措？

其实，通过应用 2×2 优先矩阵，对问题和任务进行优先级排序，以上问题都能够得以解决。或许你已经多次接触过这种矩阵的不同形式（最著名的两种便是安索夫矩阵和 BCG 增长 – 份额矩阵，详见第 9 章），这些矩阵适用于多种场景。在问题解决过程中，一旦你根据已完成的问题树形图（详见第 2.1 节）明确了需要进行的一系列分析任务后，便可以利用 2×2 优先矩阵来设定任务的优先级别。

2×2 优先矩阵如何运作？

2×2 优先矩阵有"横"与"竖"两条轴（见图 2-4）。每条轴都分为"高"与"低"两个等级。在 OBTAIN 流程法中，当需要对问题树形图中的行动环节进行优先排序时，建议将这两条轴分别定义为"分析的影响力"

和"分析的紧迫性"。此处，"分析的影响力"是指该项分析对问题解决的贡献大小；而"分析的紧迫性"则反映了获取该分析结果的迫切程度。虽然这些标准具有一定的主观性（并可能会根据新的情况进行调整），但它们仍能够协助你判断出矩阵中最紧急的分析任务。

如图 2-4 所示，你需要对问题树形图中列出的各类分析和行动进行编号，并根据坐标轴上的标准，将它们填入矩阵中的相应位置同时打分排序。

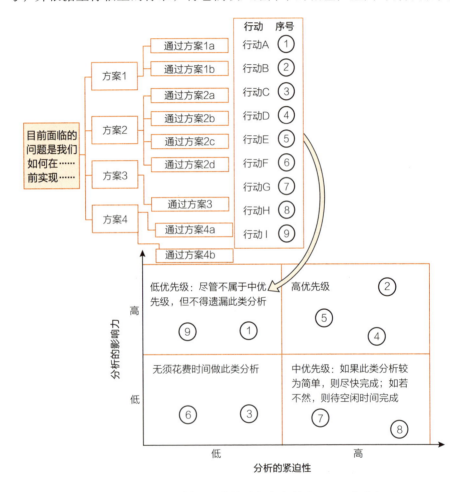

图 2-4　如何将问题树形图中的分析任务填入 2×2 优先矩阵

在对不同分析任务进行优先级排序时，你对当前问题已有假设的理解会不可避免地影响排序结果。应该注意的是，你思考的这些假设可能仅存在于你的潜意识中，因此你需要将它们明确化、清晰化。如果你的目标是提高员工的工作效率，并假设效率低下的原因是士气低落，那么在优先矩阵中，你可能会将"工作时间表／员工活动分析"的优先级排在"员工访谈"之后。但是，无论初始假设正确与否，它都只是假设，需要在后续的检验过程中得以确认。一旦检验完成，你应重新审视优先矩阵，并根据新的假设调整各类分析任务的优先级。更多详细信息，详见第 3 章。

何时应用 2×2 优先矩阵？

2×2 优先矩阵应在问题树形图（详见第 2.1 节）绘制完成后予以应用。你需要对问题树形图中列出的一系列行动和分析任务进行编号，并填入对应位置。一旦确定了各项分析任务的所处象限，便可根据优先级，指派团队成员在规定日期内完成此项任务。

如何应用 2×2 优先矩阵？

尽管与团队成员共同完成这一商业工具的绘制不失为一种有效的方法，但作为团队负责人，你也可以独立进行优先级排序。不过，你要确保将所绘制的矩阵与团队成员及负责执行具体任务的人员共享。如此，矩阵便转化为了工作计划，见表 2-1。

一旦工作计划制订完毕，你便可继续推进 OBTAIN 流程法的后续步骤：检验假设（详见第 3 章）和分析问题（详见第 4 章）。

要点提示

- 2×2 优先矩阵适用于各种场景，只需调整坐标轴的设定标准即可。
- 如果想使矩阵更加精确，可以用数字（如 1～5）来量化坐标轴的标准，取代前面所用的"高"和"低"这样的描述。
- 让团队中的其他成员或主要利益相关方参与到优先级设定的过程中，是确保他们积极参与 OBTAIN 流程法的有效策略。

表 2-1　根据优先矩阵制订的工作计划

优先级	行动/分析	最终成果	负责人	完成期限	备注
高	分析 2	电子数据表格建模	乔治	12 月 5 日	
高	分析 5	数据分析	乔治	12 月 5 日	
高	分析 4	访谈纪要	莫阿扎姆	12 月 8 日	
中	分析 7	访谈纪要	本	12 月 15 日	
中	分析 8	简报	本	12 月 15 日	有余力时再做
低	分析 9	简报	乔治	12 月 20 日	
低	分析 1	数据分析	莫阿扎姆	12 月 20 日	有余力时再做

范例

　　理查德新近入职了一家欧洲大型足球俱乐部的营销团队。该团队目前的主要工作在于提升在远东地区的产品销量。他的上司刚刚绘制完成了问题树形图，并列出了一份待分析清单，他想让理查德着手去做，以便更好地了解从哪些方面可以提升产品的销量。表 2-2 就是理查德邮箱中收到的任务清单。

　　理查德的初步假设是（有关假设的更多内容，详见第 3 章），只有在远东市场对欧洲足球俱乐部的商品需求尚未饱和的情况下，探索增加该地区商品销量的策略才是合理的。基于这一假设，他确定了分析任务的优先次序。也就是说，如果他发现市场尚未完全饱和，并且存在对其他足球俱乐部来说可观的销售空间，那么理查德就会展开深入分析。反之，如果市场已趋于饱和，他就会向上司汇报情况，建议团队重新审视他们的战略。

理查德认为，提前把自己对市场饱和度的看法告知上司是明智的。尽管上司笃定对其公司而言远东地区仍有提高销售量的空间，但他也认同有必要获取部分定量数据，以避免未来可能出现的问题。随后，理查德绘制了优先矩阵，如图2-5所示。

随后，为了合理安排时间、明确工作期限，理查德绘制了一份简要的工作计划表并提交上司审阅（详见表2-3）。上司对理查德在任务安排上的透明度和主动性表示赞赏，这让他能够清楚地了解理查德的工作预期目标和各时间节点。

表2-2　理查德收到的任务清单

任务	序号
欧洲各足球俱乐部在该地区体育用品市场的占有率分析	1
其他商品的生产潜力评估	2
各国足球商品的收入分析	3
该地区足球爱好者在体育用品上的平均支出分析	4
增设当地特色商品的效果分析	5
在当地投放电视广告的效果分析	6
当地员工访谈	7
按区域调整产品成本的影响分析	8
消费者焦点小组访谈	9
足球队表现对产品额外销售的影响分析	10
评估当地其他足球俱乐部的产品销售策略	11
按商品系列确定利润率	12

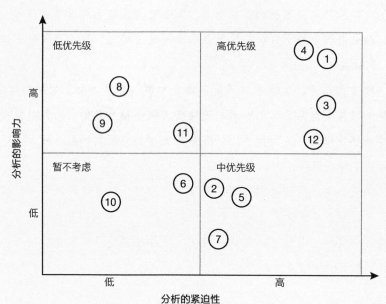

图 2-5　理查德绘制的优先矩阵

表 2-3　理查德制订的工作计划

序号	优先级	行动/分析	最终成果	负责人	完成期限	备注
1	高	欧洲各足球俱乐部在该地区体育用品市场的占有率分析	数据分析	理查德	3月5日	
3	高	各国足球商品的收入分析	数据分析	理查德	3月7日	
4	高	该地区足球爱好者在体育用品上的平均支出分析	数据分析	理查德	3月7日	
12	高	按商品系列确定利润率	数据分析	理查德	3月9日	
2	中	其他商品的生产潜力评估	电子数据表格建模	理查德	待定	

序号	优先级	行动 / 分析	最终成果	负责人	完成期限	备注
5	中	增设当地特色商品的效果分析	电子数据表格建模	理查德	待定	根据高优先级的分析结果而定
7	中	当地员工访谈	访谈纪要	理查德	待定	
8	低	按区域调整产品成本的影响分析	电子数据表格建模	理查德	待定	
9	低	消费者焦点小组访谈	访谈纪要	理查德	待定	
11	低	评估当地其他足球俱乐部的产品销售策略	简报	理查德	待定	

本节小结

- 优先矩阵有助于将精力集中在那些对解决问题切实必要的任务上。

- 你所设定的任何优先级排序都是基于你本人在尝试解决问题时所做的假设（有意识的或无意识的）。因此，要明确这些假设是什么，如果需要调整假设，就要调整优先矩阵。

- 将问题树形图和优先矩阵相结合，形成一份完整的工作计划。一旦工作计划确定，便可着手进行相关的分析工作。

你知道吗？

2×2 优先矩阵的概念起源于法国数学家、哲学家勒内·笛卡尔在 1637 年提出的笛卡尔坐标系。不过，笛卡尔最为人称颂的成就在于他对真理的不懈追求，正如他的名言"我思故我在"所体现的那种精神。

拆解问题阶段清单

在 OBTAIN 流程法的这一阶段，需完成下列事项：

- 将问题拆解为一系列易把握的子问题。

- 明确最急需解决、最重要的问题。

- 制订工作计划，列出每项任务的完成期限和预期成果。

- 将工作计划中的每项任务分配给相应的负责人。

第 3 章
检验假设

03

检验假设阶段的目标：

◆ 厘清思路，确保假设的合理性。

涵盖的工具与技术：

◆ 假设树形图

主要成果：

◆ 一个符合逻辑且合理的假设有助于解决遇到的任何难题。

OBTAIN 流程法

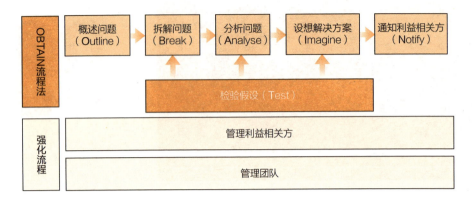

3.1　你是医生，问题是你的病人

> **主要工具：**
> ◆ 假设树形图
>
> **基本原则：**
> ◆ 解决问题是一个不断验证假设的过程。

何为假设树形图？

　　虽然这听起来似乎有违直觉，但在问题解决过程中，并非要等到掌握了所有事实之后才能提出解决问题的假设。相反，应该在解决问题流程的初始阶段，依据部分事实和初步假设（这些假设可能是 VCPH 工具包中已经列明的，详见第 1.2 节）着手进行，并逐步检验这些假设的正确性，这类似于医生诊断病症的过程。如果假设成立，那么你已经从理论上成功解决了该问题（尽管还需具体实施解决方案）。如果假设不成立（往往早期阶段就能得出），那么就可以确定这条路行不通，就要及时调整或提出新的假设。

使用假设树形图（见图 3-1）可以直观地列出你的假设并检验其内在逻辑。在问题解决流程中，此法有助于：

- 确保你的假设合乎逻辑。
- 明确还需要进行哪些分析，以确保假设正确无误。
- 与团队其他成员交流你的思维模式。

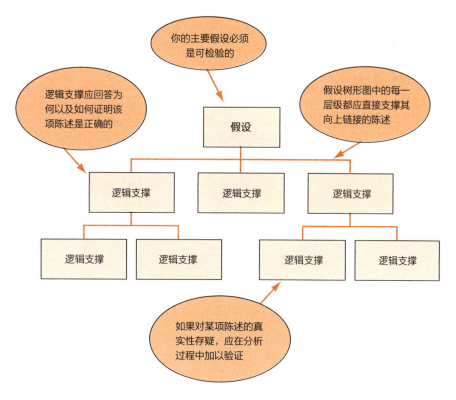

图 3-1　假设树形图空白模型

　　用一个简单的例子来说明假设过程并非充满技术性或难以掌握，实际上，我们日常生活中无时无刻不在进行假设。关键在于明确你的假设，进而检验其有效性。

　　凯特认为是时候再次飞往纽约探望父母了。尽管旅行费用不菲，但她即将休假，而且也已经将近一年未见父母了。她享受与父母团聚的时光，并对许久未能与父母团聚感到内疚。因此，她决定一旦条件允许就即刻订票。

　　虽然理想与现实可能有所差距，但在凯特脑海中，她已经构建了一个关于她决定飞往纽约看望父母的假设树形图。图 3-2 展示了凯特纽约之行的假设树形图的书面形式。

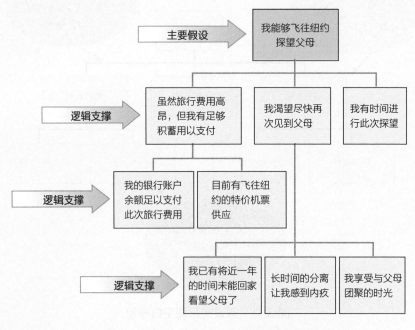

图 3-2　凯特纽约之行的假设树形图

她的假设是："我能够飞往纽约探望父母"基于以下三个逻辑支撑：

1）虽然旅行费用高昂，但我有足够积蓄用以支付。

2）我渴望尽快再次见到父母。

3）我有时间进行此次探望。

其中两个逻辑还有进一步的证据支撑：

1）虽然旅行费用高昂，但我有足够积蓄用以支付。

- 我的银行账户余额足以支付此次旅行费用。

- 目前有飞往纽约的特价机票供应。

2）我渴望尽快再次见到父母。

- 我已有将近一年的时间未能回家看望父母了。

- 长时间的分离让我感到内疚。

- 我享受与父母团聚的时光。

在检验假设是否合乎逻辑时，凯特自问："每项假设下的证据支撑是否成立？"如果答案是肯定的，那么她就可以安心地预订机票。但如果其中任何一项无法得到满足（例如她可能没有足够的时间），那么她的整个假设就不成立，她就必须重新考虑自己的计划。

假设树形图如何运作？

创立假设是一个积极主动的过程（见图3-3）。应该从初步假设出发，检验其逻辑性，评估支撑性陈述的可靠性，随后根据实际情况进行调整或舍弃。

创立假设　　检验假设　　调整或舍弃　　获取解决方案

图3-3　假设树形图的运作流程

在这一过程中，与利益相关方共同检验你的假设至关重要。因为他们能为你的假设提供深入见解，识别实施过程中的实际制约因素，或是提供其他新信息来支持或反驳你的假设。检验假设的绝佳时机是在进行中期报告或项目展示时，借此可向利益相关方汇报工作进展（有关撰写报告和制作项目展示的更多信息，详见第 6 章）。

在进行分析时（详见第 4 章），确保不断整合与假设相关的最新信息，包括从访谈和数据分析中收集的定性与定量数据，以及对问题根本原因的判断。一旦你对假设的合理性和逻辑性有了充分信心，就可以依据这些来设计问题的解决方案（详见第 5 章）。

值得注意的是，即便提出的假设是无效的，在整个问题解决流程中也有着积极的作用。人们往往期待一次就能找到正确答案，殊不知这种想法既不现实也没有益处。通过不断地检验、改进与舍弃，才能逐步提升对问题的理解。简而言之，犯错有时并不是坏事！

何时应用假设树形图？

OBTAIN 流程法是以假设为驱动力的。也就是说，在解决问题的初始阶段，你就应该对解决方案有一个预设概念。通过 VCPH 工具包（详见第 1.2 节）和问题树形图（详见第 2.1 节）中的分析，你可以收集构建假设树形图所需的要点。

假设树形图适用于多种情形，你可以自由灵活地决定其使用的方式和时机。它可用于以下场景：

- 预先制订任务方案。
- 厘清思路。
- 检验利益相关方的初始假设和已有理念。

- 验证提出的解决方案是否合乎逻辑且切实可行。
- 向利益相关方清晰传达你的想法。

范例

贝丝被指派负责一个项目，任务是评估公司旗下的互联网浏览器产品是否应进军智能手机供应商市场。尽管公司高层普遍认为进入这一新市场是轻而易举之事，并且预计项目能够迅速完成，但贝丝却持谨慎态度。为了检验上述决策的逻辑性和合理性，她决定使用假设树形图进行分析。在项目启动之初，贝丝基于与高层团队就智能手机市场进入策略的讨论，绘制了一张反映当前状况的假设树形图（见图3-4）。

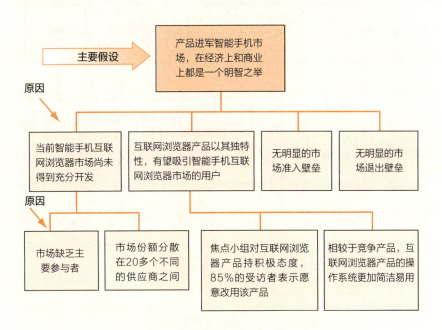

图3-4 初始的假设树形图

在图3-4中，贝丝详细阐释了新市场进入策略的背后理念（关于市场进入策略的信息，详见第9章），并希望检验每项假设的正确性。通过深入分析各项陈述，贝丝发现，尽管智能手机互联网浏览器市场确实有着发展空间，互联网浏览器产品也极有可能吸引目标消费群体，但她对市场中不存在明显的准入和退出壁垒的关键假设提出了质疑。针对这一点，她在图3-5中对假设树形图进行了相应的标注。

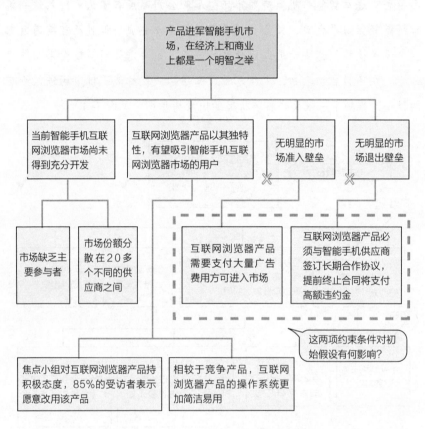

图3-5 贝丝对假设树形图的标注

进入和退出市场时面临的重大财务风险迫使贝丝重新审视项目执行团队提出的初步假设。作为项目负责人，贝丝认为有必要将自己对该问题的想法告知执行团队。很快，基于贝丝的发现，她就互联网浏览器产品是否应该进入智能手机市场提出了新的假设（见图3-6）。

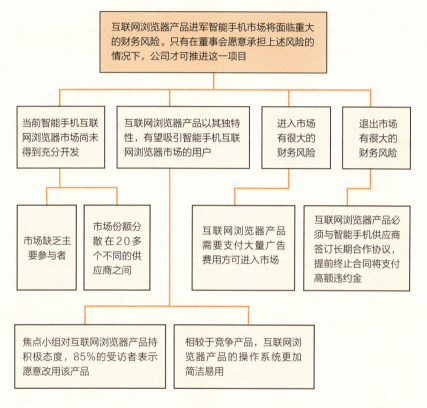

互联网浏览器产品进军智能手机市场将面临重大的财务风险。只有在董事会愿意承担上述风险的情况下，公司才可推进这一项目

当前智能手机互联网浏览器市场尚未得到充分开发

互联网浏览器产品以其独特性，有望吸引智能手机互联网浏览器市场的用户

进入市场有很大的财务风险

退出市场有很大的财务风险

市场缺乏主要参与者

市场份额分散在20多个不同的供应商之间

互联网浏览器产品需要支付大量广告费用方可进入市场

互联网浏览器产品必须与智能手机供应商签订长期合作协议，提前终止合同将支付高额违约金

焦点小组对互联网浏览器产品持积极态度，85%的受访者表示愿意改用该产品

相较于竞争产品，互联网浏览器产品的操作系统更加简洁易用

图 3-6　贝丝提出新的假设树形图

借助假设树形图，贝丝写了一封简短的电子邮件给执行团队的上司。她期望通过这种方式让上司能够及时了解她的想法，知道她正积极推进项目的实施。图3-7是贝丝写的电子邮件。

在这封电子邮件中，贝丝运用假设树形图来检验初步假设，优化自己的新假设，并将自己的想法清楚明确地传递给上司。

收件人：harmeet.singh@webrowse.net
主　题：互联网浏览器产品进军智能手机市场项目的进展汇报

尊敬的 Harmeet 先生：

您好！我在此向您汇报关于互联网浏览器产品是否应进军智能手机市场项目的近期思考，并期待能尽快与您就这一议题进行深入探讨。请您在方便时告知我具体的时间安排。

祝好

贝丝

当前假设：

互联网浏览器产品进军智能手机市场将面临重大的财务风险。只有在董事会愿意承担上述风险的情况下，公司才可推进这一项目。

具体思路如下：

进军该市场的理由：

当前智能手机互联网浏览器市场尚未充分开发。

市场缺乏主要参与者。

市场份额分散在 20 多个不同的供应商之间。

互联网浏览器产品以其独特性，有望吸引智能手机互联网浏览器市场的用户。

焦点小组对互联网浏览器产品持积极态度，85% 的受访者表示愿意改用该产品。

焦点小组认为互联网浏览器产品的操作系统比其他竞争产品更加简洁易用。

财务风险的原因；

进入市场将面临重大的财务风险。

互联网浏览器产品需要支付大量广告费用方可进入市场。

退出市场同样面临重大的财务风险。

互联网浏览器产品必须与智能手机供应商签订长期合作协议，提前终止合同将支付高额违约金。

建议在未来几天集中精力，模拟进入市场可能面临的财务风险，准备相关报告提交给公司董事会审议。

贝丝
项目经理
互联网浏览器公司

图 3-7　贝丝给上司发邮件汇报浏览器产品进军智能手机市场的最新情况

要点提示

- 不要害怕利用现有工具和框架来开启初始假设（此部分内容，请参阅第9章）。
- 为避免混淆，请注意，假设树形图的布局通常是自上而下的，而问题树形图则是从左到右的。
- 无须把假设树形图形象地画出来，也可以用点—线等格式简化表示。
- 有时假设要不断调整与舍弃，不要焦虑。检验一项假设时，即便发现很多瑕疵，也有助于加深对问题的理解。

本节小结

- 构建假设一直是必要的，其目的在于明确假设背后的逻辑，并对其进行检验。
- 假设是 OBTAIN 流程法的驱动力，即无须等到掌握所有信息之后才提出假设；通过检验和调整假设，你能更接近最终的解决方案。
- 假设树形图具有多种应用方式，尤其在以下方面：
  - 预先制订任务方案。
  - 厘清思路。
  - 检验利益相关方的初始假设和已有理念。
  - 验证提出的解决方案是否合乎逻辑且切实可行。

你知道吗？

医疗行业也是受假设驱动的，这一点和问题解决流程一样。医生会根据一系列的初步观察和信息来假设患者的病情，并在必要时让患者进行某些检查，以此调整假设，最终确诊病情。面对众多可能的症状和疾病，从初步假设着手，然后逐步调整优化，是确保患者得到快速且安全治疗的最佳途径。

检验假设阶段清单

在 OBTAIN 流程法的这一阶段，你应该：

◆ 构建了明确的工作假设，并与利益相关方共同进行检验。

请注意，对假设的检验持续贯穿整个 OBTAIN 流程法中。随着解决过程的深入，假设会不断得以完善、确认或舍弃。

第 4 章
分析问题

分析问题阶段的目标：
- 获取可靠的定性及定量证据以支撑假设。

涵盖的工具与技术：
- 数据收集
- 数据和网络安全
- 访谈
- 5 个为什么法
- 电子数据表格建模
- 数据科学和人工智能

本章中提及的补充工具请参阅第 9 章。

主要成果：
- 明确数据来源，实现数据收集。
- 了解网络安全风险，掌握相应纾解措施。
- 追溯问题根源。
- 通过分析获取有力的证据支撑。
- 洞悉数据科学和人工智能的应用潜力。
- 基于收集到的证据，不断完善、确认或舍弃假设。

OBTAIN 流程法

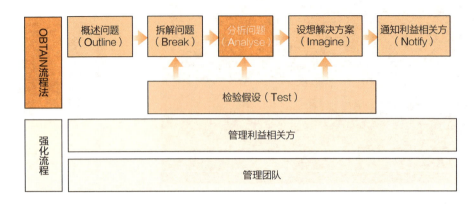

4.1　没有数据，你就一无所有

主要技术：
◆ 数据收集

基本原则：
◆ 没有数据，问题的解决就无从谈起。

数据收集为何至关重要？

　　每一个有效的问题解决流程都以可靠的数据和深入的分析为支撑。在商业领域中，仅凭"直觉"做出的决策往往不尽人意，这种情况却屡见不鲜。无论是项目演示中缺少图表，还是报告中缺乏数据，抑或是解决方案未经过任何分析，所有这些都源于对数据或证据的忽视；正是那些"冷冰冰的客观事实"揭示了问题的本质。诚然，直觉确有许多值得一提的优势，正如我们在第 3 章所见，直觉对形成问题的初步认识大有裨益，但仅仅凭借直觉是不够的，它需要与可靠的数据分析相结合。而这一切都始于有效的数据收集工作。

何为数据？

人们往往将数据等同于数字，因而认为数据收集工作应由 IT 或信息团队来承担，而非自己的职责。这种观点是错误的。数据实际上包括所有能够帮助我们进行分析的信息，无论其形式如何。数据主要分为两种类型：定性和定量（见表 4-1）。因此，数据收集就是搜集此类信息，这样我们才能开展后续的分析任务。

表 4-1　数据类型

数据类型	范例	分析形式侧重于	适用范围	此类数据潜在的缺陷
定量	调研数据 财务信息 库存清单	逻辑理解	制作图表	缺乏背景信息
			统计分析	让人误以为"很准确"
			合乎逻辑的论证	缺少人性化
定性	访谈 案例研究 文献综述	感性推理	提供背景便于理解	缺乏可靠性
			解释人性的一面	因缺乏定量数据而不够全面
			赋予深度和特色	过于人性化

何为数据收集流程？

数据收集流程包含以下六个步骤，通常在以解决问题为导向的工作计划制订完成后着手进行（详见第 2.2 节）。从前文的表 2-3，你会看到一系列待执行的分析任务，每项任务都需遵循以下流程。

1. 明确所需的数据类型

除非能清楚知道需要什么数据，否则你的工作注定以失败告终。工作计划（详见第 2.2 节）能让你明确要进行哪些分析，如此你所需要的数据类型也就一目了然了。如果分析旨在了解"车间员工对新操作机器的看法"，便可通过与部分员工访谈的方式收集定性数据。反之，如果是想了解新机器的运行成本，则需要财务团队提供资本支出和运营支出的两项定量数据。

2. 确定合适的数据来源

一旦明确了所需的数据类型，下一步便是去哪里找到这些数据。通常，不同数据源提供的数据可能略有差异。在此情况下，你需要综合考虑获取数据的便利程度以及数据质量（这一环节中，2×2 优先矩阵会有所助力，详见第 2.2 节）。

以获取全球领先的饼干切割机制造商的信息为例。假设你的公司在 10 年前已经进行了相关研究，并留下了部分易于获取的图表，但这些资料缺乏原始数据（如便于分析的电子表格等）。与此同时，有一家公司可以提供最新的且有关饼干切割机全球市场的原始数据，但这些数据不仅价格昂贵，还需要数周时间才能交付。面对此类情况，你需要决定哪种数据更符合自己的需求：是易于获取但已过时且不便分析的旧数据，还是价格昂贵、交付周期长、由私营市场调研公司提供的最新数据？想要做出合适的选择，需要权衡以下因素：数据的新旧程度价值如何？你有多少时间来等待数据的交付？工作预算是否有限？是否需要对数据进行复杂的分析？

一旦确定了数据来源，紧接着便是寻找数据持有者的联系方式。以前面提到的例子为例，若数据源自公司早期的研究，那么联系人可能是当时参与该项目的同事；若数据由私营市场调研公司提供，则可通过该公司官网上提供的电子邮件或电话号码来取得联系。

有时，数据是可以免费获取的，这些数据可能来自图书馆、行业期刊，或是互联网资源。互联网尤其便捷，仅需轻点几下鼠标，便能访问海量的免费数据：从世界卫生组织提供的各国农产品统计数据到经合组织发布的世界经济发展趋势分析，再到《哈佛商业评论》中的高管访谈等都涵盖其中。在使用这些数据时，务必在分析报告中注明数据出处。对于上述这些和其他可免费获取的数据，无须遵循数据收集流程中的后续步骤（第3~6步）。

3. 提出具体的数据要求并提供背景信息

若要问信息团队或财务团队最头疼的问题，莫过于那些含糊其辞、难以捉摸的数据要求了。一个有效的数据要求应该清晰明了，让数据持有者能够轻松理解并迅速响应。例如，若要了解所在公司某业务部门的文具支出情况，应避免笼统地向财务部门提出"我需要业务 1 部过去几年的财务数据"，而应具体地说明："我正在分析业务部门的文具成本情况。能否在下周一前提供业务 1 部过去三个财年的文具支出数据，并按项目细分后以电子表格形式发送给我？"如果你对所需数据类型尚不确定，可以提供背景信息并寻求帮助："我计划分析各业务部门过去几年的文具成本情况，能否告知您能提供哪些相关数据？"寻求帮助是值得鼓励的，但提出的要求不明确且耗费他人时间则是不可取的。

4. 激励数据供应商提供数据

请求别人提供数据相当于请求别人帮忙。你先前可能并未见过数据供应商，而同时还有很多人也需要他提供数据，又或者你希望与数据供应商就数据的价格或交付日期进一步协商。虽然这些沟通没有固定模式，但如果你在获取关键数据时遇到困难，不妨尝试以下策略：

- **亲自拜访。**如果数据供应商和你在同一地点办公，不妨亲自拜访；如果是外部人员，或者你们都采用远程办公，那么电话沟通也是一个很好的选择。相比电子邮件中的简短文字，面对面的交流或在电话里直接对话更容易让人们产生同理心，会觉得你和他们一样都是要面对工作压力和最后期限的打工者，从而更有可能迅速回应你。

- **给与回报**。如果你计划通过访谈来获取定性数据，那么你可以主动提出请受访者边喝咖啡边沟通。如果你希望与外部调研机构就数据的价格或最后期限进行协商，那么你可以向他们承诺，如果他们这次服务出色，你愿意与他们建立长期的合作关系，也会将他们推荐给其他同事。
- **说明情况的重要性**。如果你迫切需要某项数据，请向数据持有者说明情况（除非涉及保密信息不宜透漏），这更能促使他们快速回应。如果数据持有者得知一份关键报告的最后期限就在明天，而该报告又急需某项数据，他们显然会更同情你的处境，其效果远胜于他们仅仅知道你需要"马上"拿到数据。
- **寻求与数据供应商一致的价值观和利益**。尝试站在数据持有者的角度思考。他为什么要尽快给你那些数据？或许他们对贵公司的效率问题正感到不满，而你正致力于改善这一状况。这样的话，你可以向他们阐明你的工作目标，并向他们展示帮助你也是在帮助公司提高效率。
- **确保数据要求简单易懂**。让数据要求尽可能简单明了，以便数据供应商能够迅速做出回应。如果提出的要求过于复杂而且还需要进一步的解释，那么就会降低数据供应商处理问题的意愿和速度。

5. 核实数据的准确性

当你发出的数据请求得到回复后，你的首要任务便是查看是否一切就绪。也就是提供的数据是否与发出的要求相符，数据中的数字是否合理，必要时可以请同事协助复核。这一步骤至关重要，因为它不仅确保了数据的准确性和可靠性，也是在收到数据后与数据供应商进一步沟通的最佳时机。如果耽搁太久，数据供应商可能已经忘记你当时的要求或忙于其他要务。如果你确实发现了某些错误，应立刻联系数据供应商，礼貌地说明情况。既然他们最初承诺提供数据，就有责任确保数据的准确性。

6. 表示感谢

这是一个简单合理却又常被忽视的礼节。感谢他人不仅是礼貌的体现，也有助于维持良好的合作关系，考虑到未来可能还需要他们的帮助。

范例

阿尔夫是一家中型私立医院的医务主任助理。该医院长期面临床位紧张的问题，许多患者的住院时长远超预期。为了寻找这一问题的解决方案，阿尔夫需要了解上述患者的具体情况（例如年龄、病情、性别等信息）。在开展分析之前，他必须先收集相关数据。

阿尔夫首先查看了自己的工作计划（见表4-2），并思考数据收集流程的首要步骤：明确所需的数据类型。尽管他希望自己的分析以定量为主，但也应涵盖部分定性评估。因此，有关定量分析，他决定通过查看过去两年的医院活动记录和每位住院患者的信息完成，包括患者的年龄、性别、入院状况，以及可能患有的慢性疾病。他知道医院已有这些数据的存档，因此获取这些信息应该较为迅速。至于定性评估，阿尔夫希望听取护士们对于患者长期住院原因的看法，因此他打算与医院各病房的护士进行一系列访谈。这样，阿尔夫确定了两类数据的来源（见表4-3）。

表4-2 阿尔夫的工作计划

优先级	任务／分析	最终成果	负责人	完成期限
高	各患者群体的住院时长	住院时长最久的患者概况汇报	阿尔夫	12月15日

表 4-3　阿尔夫的数据来源

优先级	行动/分析	分析类型	所需数据	数据来源
高	各患者群体的住院时长	定量	过去两年内每位患者的住院相关数据,包括患者年龄、性别、住院原因以及长期疾病状况等信息	医院的信息团队(卡米拉)
		定性	与病房护士就长期住院患者进行访谈	病房 A(吉纳维芙)
			与病房护士就长期住院患者进行访谈	病房 B(卡罗琳)
			与病房护士就长期住院患者进行访谈	病房 C(乔)

　　针对定量数据,阿尔夫向信息团队提出数据要求,他联系了该团队成员卡米拉,并与其进行探讨(卡米拉此前曾为阿尔夫提供过数据)。针对定性数据,阿尔夫给病房中的每一位高级护士都分别打了电话,与她们或一位初级护士安排时间,讨论长期住院患者的相关情况。其中一位护士担心访谈会占用她照顾病人的时间,面对护士的这一担忧,阿尔夫巧妙地将护士的职业价值观与访谈的目的联系起来,解释了参与访谈的重要性。他强调,通过访谈不仅能提升病人的安全状况和住院体验,还能减少住院时长。在了解到这一点后,护士们更愿意参与到访谈中。

　　与此同时,在收到卡米拉提供的数据后,阿尔夫立即将其与自己之前掌握的历史数据进行了比对分析,看看两者之间是否存在显著差异或难以解释的矛盾之处。确认数据无误后,他及时向卡米拉表示了感谢。对于与护士们的访谈(有关如何开展访谈的内容,详见第 4.2 节),阿尔夫将访谈记录发给了每位受访护士,让其审阅核对,并感谢她们提供的帮助。护士们对访谈记录仅做了细微的调整,确认无误后,阿尔夫便着手开始了数据分析工作。

要点提示

- 在思考数据来源的过程中，鼓励团队成员积极参与，集思广益；参与的成员越多，发现的潜在数据源就越丰富。
- 不要仅局限于定量数据的收集，定性数据提供的背景信息和人性化因素对于深入分析同样重要。
- 提出数据要求时，可以附上你曾经做的数据要求样本，或者提供一个具有明确标题列的表格模板，表明你期望收到的数据内容，这有助于提高工作效率。
- 明确指出你希望定量数据采用什么格式，尽量避免纸质版本的数据，因其不便于分析操作。
- 明确告知所要数据的最后期限，便于他人及时提供数据。

本节小结

- 数据收集对于深入分析至关重要。缺少数据，任何问题解决流程都难以推进。
- 应尽早确定获取数据的来源，最好是在确定工作计划后就立即进行。
- 数据不应局限在数字上，访谈也是有效的数据来源。
- 在选择数据时，需要综合考虑时间、成本和数据的详尽程度等因素。
- 一个有效的数据收集流程通常包括以下 6 个步骤：
  1. 明确所需的数据类型。
  2. 确定合适的数据来源。
  3. 提出具体的数据要求并提供背景信息。
  4. 激励数据供应商提供数据。
  5. 核实数据的准确性。
  6. 表示感谢。

你知道吗？

"数据"一词源自拉丁语"datum"，意为"被给予之物"。该词最早以"信息集合"的用法出现在神学家亨利·哈蒙德（Henry Hammond）的笔下。他曾在17世纪中叶写道："从所有这些数据中，并不能直接推断出其必要性。"

4.2　确保数据安全

主要技术：
- 针对网络及数据安全的分析

基本原则：
- 总有不法分子企图攻击你的数据，必须加以防范。

何为数据和网络安全？

网络犯罪是当代较常见的犯罪形式之一。在你阅读这一章节的短短几分钟之内，你的个人信息很可能已经成为网络攻击的目标。这听起来是不是难以置信？其实，你只需查看自己的垃圾邮件过滤器便可窥见一二。面对此类威胁，你该如何应对？这又会如何妨碍你对问题的解决？

网络犯罪分子觊觎你的数据出于多种原因，包括但不限于经济利益、破坏业务运营、利用或窃取商业机密等。而我们每个人都不可能不需要可靠的数据和网络安全。无论是你想要的信息（详见第4.1节）还是你构建的解决方案，都不可避免地要用到数据。数据的价值越高，其面临的风险也就越大。大多数数据及网络安全措施都聚焦于防范个人或客户数据被盗。

这一点十分重要，未能遵守数据保护的基本法律法规可能面临巨额罚款，具体规定因国家而异。然而，网络安全问题远不止于此。商业敏感数据或关键业务数据的保护更是不容忽视。一次数据泄露或安全漏洞就可能导致整个项目、整个程序甚至公司陷入瘫痪。

要保护自己，首先要深入了解你可能面临的风险。良好的安全技术可以帮助你，但仅仅了解风险本身并不足以消除风险；换言之，了解是必要的，但只停留在了解层面是远远不够的。真正有价值的工作在于精心构建网络防御体系。

如何确保数据安全？

培养良好的网络安全意识在某种程度上意味着要像犯罪分子一样思考。要做到这一点，就要遵循图 4-1 所示的三步分析法。

图 4-1　针对网络安全潜在风险的三步分析法

首先，换位思考，将自己置于网络犯罪分子的角度。这一过程与第 1.3 节中讨论的用户模型非常相似。在此环节中，你需要设想自己正在攻击你试图为其解决问题的企业。网络安全领域中典型的恶意攻击者包括：

- **网络恐怖分子**：其目标是破坏主要基础设施或扰乱商业或政府服务。
- **网络罪犯**：通常出于经济或个人利益而实施攻击。
- **黑客**：通常出于政治目的或个人利益而泄露敏感信息。
- **某国支持的网络破坏分子**：通常从事间谍活动或破坏活动。

其次，仔细思考可能遭遇的各种恶意攻击。例如，图4-2揭示了网络犯罪分子可能引起的具体危害。

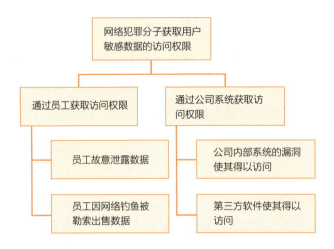

图 4-2　针对风险的树形图分析法

风险树形图与假设树形图类似，通过风险树形图分析法，你可以了解特定风险的产生根源。网络风险层出不穷，对数据安全和企业运营造成严重危害。常见的网络风险包括但不限于：

- **恶意软件**——故意破坏系统正常运行的软件。
- **勒索软件**——侵入系统后，勒索系统操作员支付"赎金"以交还控制权的恶意软件。
- **网络钓鱼**——通过发送虚假信息，诱骗用户提供账户信息。
- **凭证填充**⊖——利用自动化、大容量、高速性算法破解密码。

⊖　凭证填充（Credential stuffing）又称"撞库攻击"，是指黑客收集大量网络上已泄露的某网站的用户名和密码，然后使用这些用户名和密码去登录另一个网站。黑客之所以能通过已泄露的用户名和密码成功登录其他网站或系统，是因为许多用户在多个不同的网站上使用相同的用户名和密码。——译者注

- **内部威胁**——企业内部人员非法窃取并利用敏感信息。
- **零日攻击**[⊖]——利用供应商未知漏洞发动的黑客攻击。

以上所列并不全面，新的风险仍在不断涌现。

风险树形图分析法为网络安全流程中的最后一步，即红蓝对抗演练，奠定了基础。在这一演练中，组建两个不同的团队（可以是内部或外部人员），依据风险树形图分析法所揭示的攻击路径，一支团队（红队）模拟攻击目标企业，而另一支团队（蓝队）则保护目标企业。随后，将红队的攻击路径和蓝队的防御分析相结合，形成一系列有效的应对策略，帮助企业降低数据泄露的风险。这些策略可能包括修改访问权限设置、实施多维度身份验证、开展数据审计等。

何时应保证数据安全？

在数据处理的各个阶段，确保数据安全始终是我们规划的重中之重。以下是一些关键性的自查和必要的措施：

- 了解所持有的数据，并妥善分类。
- 制订有效的数据存储方案，虽然部分企业仍采用传统的本地储存方式，但云存储通常是更优选项。
- 确保只有授权人员能够访问数据，并且需要采用多种方式进行身份验证。

⊖ 零日攻击（Zero-day attacks）是指利用零日漏洞（通常是指还没有补丁的安全漏洞）对系统或软件应用发动的网络攻击。由于零日漏洞的严重级别通常较高，所以零日攻击往往也具有很大的破坏性。目前，任何安全产品或解决方案都不能完全防御住零日攻击。但是，通过建设完善的防御体系，提升人员的防范意识，可以有效减少被零日攻击的概率，降低零日攻击造成的损失。——译者注

在整个数据使用周期内，你需要定期审查数据的安全性，及时排查并应对新的风险。进行渗透测试[⊖]是明智之举，即通过模拟黑客攻击来探测系统的薄弱环节和安全漏洞，从而采取相应的预防措施。

范例

奥马尔经营着一家在线剃须用品店。该店主要向欧盟国家的客户销售剃须刀、胡须修剪套件以及其他洗护用品。尽管他已经竭尽所能地遵循欧盟的《通用数据保护条例》（General Data Protection Regulation，简称 GDPR），但面对潜在的网络安全漏洞和由此可能引发的巨额罚款，奥马尔不敢掉以轻心。根据 GDPR 规定，最严重的违规行为可能招致高达公司年收入 4% 的罚款。

虽然奥马尔相信《通用数据保护条例》为他的数据安全提供了坚实的后盾，但他还想深入了解，如果客户的敏感信息（例如支付卡详情和其他个人信息）被黑客窃取，自己将面临哪些风险。

为此，他采取了针对网络安全潜在风险的三步分析法。首先，他判断网络犯罪分子的主要目的是从其公司获取经济利益。因此，他认为最有可能面临的风险是客户的敏感财务信息被非法攫取，或是供应链遭到破坏。无论是哪种情况，网络犯罪分子都有可能向奥马尔索要赎金来让其换取对客户数据的控制权，从而让公司能继续运营，否则就会把数据转卖给其他犯罪分子。一旦这件事被曝光，将对奥马尔公司的声誉造成不可估量的损害。

奥马尔与同事一起运用风险树形图分析法，并结合红蓝对抗演练，

⊖ 渗透测试俗称道德黑客，是经过授权，对计算机系统进行的模拟网络攻击，用于评估系统的安全性，为了证明网络防御按照预期计划正常运行而提供的一种机制。渗透测试发现的安全问题应报告给系统所有者。渗透测试报告还可以评估网络风险对企业的潜在影响，并提出降低风险的对策。
——译者注

深入分析敏感财务信息的访问情况，发现了两个明显的安全漏洞。第一，并非所有员工在访问公司业务系统时都采用了多维度身份验证；第二，他尚不明确当前使用的加密货币支付服务商具备哪些网络防御措施或认证。针对这些问题，他提出了三项纾解措施：第一，即刻要求全体员工采用多维度身份验证；第二，更换一家拥有良好网络安全认证的加密货币支付服务商；第三，安排外部网络安全专家对公司的运营进行年度渗透测试。

要点提示

- 如果基础措施不到位，再多的网络防御办法也难以保障数据安全。采用多维度身份验证，实现严格的访问控制对每个人都至关重要。
- 软件更新确有其必要性，它提供了针对已知漏洞新的保护措施，从而降低了系统遭受零日攻击的风险。
- 数据安全或许听起来没什么了不起，但一旦出现纰漏，就会导致巨大的经济损失和客户信任的丧失。
- 公司董事会和高管都应高度重视网络安全问题，确保定期审查和汇报网络安全计划。
- 问问自己：黑客会怎样看待这个问题？

本节小结

- 良好的数据安全不可或缺。网络安全看似复杂，实则可归结为三个基本问题：谁可能对你构成威胁？出于何种目？你又该如何自我防护？
- 学会像网络攻击分子一样思考，这样能够更准确地识别企业的风险和弱点。
- 针对发现的网络安全漏洞，你必须采取有力的纾解措施。其中一个明智的做法是立即向公司董事会报告网络防御状况。同时，第三方专家提供的外部视角对评估潜在风险大有帮助。

你知道吗？

2022 年，美国网络安全与基础设施安全局局长珍·伊斯特利（Jen Easterly）指出："无论你称之为多维度还是双维度身份验证，这一简单举措能将你被黑客攻击的概率降低 99%。它就像汽车中的安全气囊或安全带，在事故发生时提供额外的安全保障。"

4.3 深度访谈

> **主要技术：**
> ◆ 访谈
>
> **基本原则：**
> ◆ 访谈作为一种定性分析方法，与任何其他形式的分析一样，需要精心策划和准备。

何为访谈？

你是否曾经历过这样的访谈：谈了半天什么也没谈出来？或者访谈安排得杂乱无章？又或者访谈当时感觉不错，可事后什么都回忆不起来？这些问题通常都源于蹩脚的访谈技能。所幸只要认真规划，上述问题都是可以避免的。

访谈的核心目的在于从访谈对象（个人或群体）那里获取信息。无论是就当前的假设征询他人意见，还是进行工作面试，或招募室友，你都希望通过访谈获得一些新的信息。

显然，访谈是为了达成特定目标（即从某人处获取特定信息）。因此，就像实现其他目标一样，你首先需要明确自己的目标是什么，然后规划达成目标的路径。这听起来似乎很简单，但如果你在过往经历中遇到过上述问题，那么就会明白这些基本规则常常被忽略。

成功的访谈是如何开展的？

成功的访谈在于把握好访谈前、访谈中和访谈后这三个不同的阶段。图 4-3 列出了访谈各阶段需要完成的事项。

图 4-3　访谈规划三阶段

访谈前这一阶段主要是准备工作。在安排访谈之前，首先明确你希望从此次访谈中获得哪些信息，以及谁是合适的访谈对象。准备一份详尽的访谈议程和问题清单至关重要。利用问题树形图（详见第2.1节）将问题分门别类，有助于规划访谈议程。不进行充分的前期准备，访谈（或任何会议）注定会失败，这一点不容忽视。在访谈前向受访者发送议程草案，并说明访谈目的，这不仅是出于礼貌，也有助于受访者做好准备（尤其是当他们对访谈感到紧张时），而且还能让他们有时间思考你将要提出的问题。

访谈中这一阶段的要点大都显而易见，但也不容小觑。访谈议程相当于为整个对话提供了清晰的结构脉络，也方便访谈后的记录整理工作，使记录内容与相对应的议程部分易于追溯。此外，在访谈中，即使你已经自认为十分专注了，也应时刻自查：是否正在打断受访者的谈话还是在总结陈词？是否与受访者保持眼神交流，而非低头看地板？即使对访谈过程进行了录音，做记录也相当必要，这表明你在倾听和关注受访者。同时留心肢体语言。行为学研究指出，当对方的肢体语言与你同步时（例如，你们都跷着腿且身体前倾坐在椅子上），表明受访者与你的谈话很放松。相反，如果受访者双手交叉、背靠椅背，并且躲避目光接触，那么这很可能折射出他们感觉很不自在。在这种情况下，适时地递给他们一杯咖啡或水，可以展现出人性化关怀的一面。最后，总结受访者所表达的内容。这不仅表明你的倾听和理解，还能帮助受访者澄清他们的观点，尤其是在他们感到压力或紧张时。

访谈后这一阶段与前两个阶段同样重要，因为这是确保访谈成果的关键环节。首先，尽量避免拖延撰写访谈纪要，尽管大家都喜欢拖延。我们经常遇到诸如其他紧急任务突然插队、工作日的结束或是突发事件的干扰等情形。无论何种原因，如果在访谈结束后12小时内未能及时整理出访谈纪要，很可能会遗漏一些重要内容。无论当时的记录多么详尽或访谈是否录音，都应尽快将访谈内容转化为书面文字。确保记下（仅供自己参考）你观察到的任何非语言问题，如受访者的情绪波动、注意力分散或试图取悦他人的迹象等。这些细节可能在日后分析中发挥重要作用。此外，和事前发送访谈议程一样，事后向受访者发送访谈纪要也是一种良好的职业习惯。这样做可以帮助澄清任何遗漏或误解，同时也为受访者提供了一个复核自己观点的机会。最后，对受访者抽出时间参与访谈表示感谢也是必不可少的。

何时运用访谈法？

访谈在 OBTAIN 流程法的各个阶段都很有必要，尤其以下环节：

- 在流程启动之初，了解利益相关方的想法和初步假设。
- 与潜在的团队成员交流，邀请他们加入解决问题的工作当中。
- 收集数据，为分析提供必要的信息。
- 与利益相关方共同检验分析结果和假设。

访谈的结果应始终作为你对当前问题假设（详见第 3.1 节）的依据。请记住，只有基于定量与定性分析所获取的信息才能推演出可靠的假设，也才能找到最佳的问题解决方案。

谁来主持访谈？

理论上讲，任何对议题有一定了解且能够遵循访谈的三个阶段（见图 4-3）的团队成员，都可胜任访谈工作。这是因为在访谈开始之前（访谈前期阶段，已事先向受访者发送问题清单或访谈议程），所有与问题相关的疑惑都已得到解答且访谈结构脉络清晰，这也便于团队成员的遵循。

然而，在实际操作中，部分团队成员不适宜主持访谈。例如，企业中的资深受访者可能不愿意接受初级员工的访谈，或者某领域的专家可能会对一个新手的访谈感到不尽如人意。在这些情况下，分配访谈任务时，考虑潜在采访者的信任度（详见第 7.2 节）是非常重要的。

与所有分析工作一样，访谈结果应该发给问题解决团队。此外，在团队会议上绘制问题树形图（详见第 2.1 节）也有助于构建合理的访谈结构。

范例

加布里埃尔是英国一家小型图书和文具连锁店的研发经理。他对最近公司年度调查中员工满意度极低的结果（见表 4-4）很是忧心。

表 4-4　员工调查结果

年度员工调查					
职位	员工人数	问题	非常满意	一般满意	很不满意
店员	36 人	您对当前工作的满意度如何？	3%	57%	40%

加布里埃尔希望找出员工满意度低的根本原因，以便向董事会提出有效的改善策略。为此，他认为追溯问题根源的最佳途径就是对全国九家门店的员工进行一系列访谈，包括电话和现场访谈。

在参考访谈规划的三个阶段（见图 4-3）后，加布里埃尔开始着手准备调查问卷。

加布里埃尔确定了访谈前期阶段的关键问题如下：

1. 明确目标
- 找出让员工满意度低的原因。

- 预期成果是与店员开展系列访谈，同时撰写访谈纪要，找出让员工不满意的共性事项或原因。

2. 路径

- 以连锁店店员为主要访谈对象。

- 由于时间限制，无法访谈全体员工，因此加布里埃尔计划访谈半数人员，即 18 名他认为有代表性的店员。他计划从每家门店中随机选取两名员工进行访谈。

- 加布里埃尔需要联系每家门店的经理，请他们安排访谈事宜。对于距离伦敦 50 英里（1 英里 =1.61 千米）范围内的门店，加布里埃尔将亲自进行面对面访谈；其余门店的员工，则通过电话进行访谈。

3. 准备工作

- 加布里埃尔假设员工满意度低可能与多数员工为短期合同工且薪资较低有关，但也不排除其他潜在因素。因此他编写了一份访谈指南，涵盖了他认为所有可能的原因。

- 为避免重复性工作，加布里埃尔采用了著名的企业分析框架——麦肯锡 7S 模型（请参阅第 9 章）作为该访谈的组织架构。图 4-4 是他的访谈结构。

最后，加布里埃尔向受访者发送了一封电子邮件，邮件中包含了图 4-4 所示的访谈结构以及对访谈目的的简要说明。他在邮件中明确表示，这件事的目的是提升员工满意度，并强调所有问卷都将保密，不会用于任何可能对员工不利的场合。邮件发出后，他未收到任何修改意见，于是顺利进入了访谈的下一阶段。

员工满意度调查——访谈结构

员工角色：_____ 员工年龄：_____ 员工性别：_____ 员工合同类型：_____

问题

1. 您认为导致连锁店员工满意度低的原因是什么？

共同价值观

2. 您认为连锁店的核心价值观是什么？

战略

3. 您如何看待连锁店的五年规划？
4. 您认为自己在这一规划中的角色是什么？

组织架构

5. 您认为自己与企业其他部门的联系是否紧密？
6. 您认为所在门店的运营是否高效？

制度

7. 您认为连锁店是否提供了职业发展的机会？
8. 您认为得到的报酬是否与工作付出成正比？

员工

9. 您与同事的关系是否融洽？
10. 您所在门店日常员工人数是多少？

风格

11. 您与店长的关系是否融洽？
12. 您如何描述门店的管理风格？

技能

13. 您觉得自己的技能是否在工作中得到了充分应用？

您对提高员工满意度是否还有其他建议或想法？
您是否还有其他问题？

图 4-4　加布里埃尔的访谈结构

- 在访谈过程中，加布里埃尔努力营造一个轻松的氛围——他强调
  所有的应答都是非评判性的且保密的，旨在提高员工满意度。他

注意不过多地偏离访谈结构，但同时也对受访者在结构之外提出的独到见解保持开放态度，并表现出浓厚兴趣（例如，某位受访者分享了他在其他书店的经历）。

- 每次访谈结束后，加布里埃尔都会立即记录访谈摘要，并发送给受访者查看，征求他们的反馈。在完成 18 次访谈后，他开始归纳共性事项，即问题的根源，这有助于他为连锁店员工满意度低的情况提出新的假设（详见第 3 章）。在此过程中，他意外地发现，有证据表明他的初步假设是错误的：短期合同和相对较低的薪酬似乎并非导致员工士气低落的主要原因。相反，员工普遍认为在连锁店工作缺乏职业发展机会，这似乎是导致员工满意度低的关键因素。

要点提示

- 访谈时要真诚，否则受访者很容易就能察觉出来。
- 如果条件允许，访谈时配备一名记录员。这让你能够更专注于与受访者的对话，而不必分心记录问题。
- 合理搭配开放式问题（例如："您对……有何看法？"）和封闭式问题（例如："您每天发送多少封电子邮件？"），从而保持访谈的平衡和节奏。
- 注意你的肢体语言——身体向前倾可能显示你咄咄逼人；双手合十可能显示你防卫性很强。
- 尽可能提前考察访谈地点。室温、光线、座椅舒适度、桌子高度等因素都会影响访谈氛围。
- 访谈时应保持灵活性。你的访谈结构可能未涵盖受访者想要讨论的且与当前问题相关的议题——允许他们自由表达，哪怕这意味着稍微偏离访谈结构。

本节小结

- 访谈是一种分析工具（定性分析），应与其他分析方法一样进行周密计划和准备。
- 访谈可在问题解决流程中的不同阶段发挥作用，如团队建设、与利益相关方共同检验假设或收集数据。
- 合理的访谈规划应把握好三个不同阶段：访谈前、访谈中和访谈后。每个阶段都同等重要。
- 考虑好将由谁来主持访谈，以及受访者可能的反应。

你知道吗？

定性数据及其研究方法是现代商业策略的重要组成部分。在过去 40 年中，随着对客户满意度的重视日益增加，客户满意度调查和消费品测试等定性研究方法变得日益重要。

4.4　通过提出"为什么"来追溯问题的根源

> **主要工具：**
> ◆ 5 个为什么法
>
> **基本原则：**
> ◆ 深入挖掘问题的根本原因是有效解决问题的关键。

何为"5 个为什么法"？

设想这样一个场景：一位资历较浅的同事原本应与你共同完成一个项

目，早上你询问工作进度时，该同事却尴尬地告知你："抱歉，我没时间完成。"这迫使你不得不亲自接手，甚至还可能错过关键的完成期限，于是你对该同事心生不满。表面上看，问题似乎是同事时间管理不当所致，这也是你从此事中得到的教训——你的同事时间管理不佳，但这只是你看到的冰山一角。如果你进一步询问："你为什么没有时间完成工作？"该同事可能会告诉你是因为有其他紧急任务。如果你再继续追问："为什么其他任务优先于此项工作？"你会发现，实际上是因为你昨天早上给该同事分配了大量紧急任务，并强调这是"首要任务"，而你却完全忘记了这回事，直至现在才意识到。虽然该同事也有问题，他没有及时向你反映工作量过大，但问题的根源在于你，是你给他安排了过多的工作。连续提问"为什么"，可以揭示出问题的真正原因。这就是"5 个为什么法"的精髓所在。

"5 个为什么法"之所以有效，基于以下两点原因：

1. 它能够揭示问题的根本原因，而非仅仅停留在表面现象。
2. 操作简单，易于执行。

然而，使用"5 个为什么法"时应谨慎。首先，由于其简易性，它可能无法解决更复杂的问题——尽管尝试一下也无妨。其次，由于提问的固有性质，在回答"为什么"时具有主观性，容易陷入个人偏见。因此，在条件允许的情况下，你应通过进一步分析来支撑你的答案。

"5 个为什么法"如何运作？

1. 从一项你希望了解的具体陈述着手。
2. 探究该项陈述为何正确。
3. 基于得到的答案，继续追问"为什么"。
4. 重复提问过程，直至你无法继续回答为止。

5. 此时，你已经找到了问题的根本原因。

请注意，"5 个为什么法"只是工具的名称，切勿被数字"5"束缚。实际上，有些问题可能仅需少于 5 次的提问便能触及根源，而有些问题则需要更多次的深入追问。

范例

弗朗西斯是一家便利店的店长，她正在调查上周为何会发生向顾客出售过期牛奶的事情。她决定与店员们一起，在挂图纸上运用"5 个为什么法"来探讨问题的根源。图 4-5 展示了他们讨论的结果。

弗朗西斯发现问题的根本原因是负责检查保质期的店员当时正在休假。据此，她提出了相应的解决方案（如何提出解决方案，详见第 5章）。她提议实施一项新制度：当员工休假或请病假时，其职责应由其他员工接替。通过采用"5 个为什么法"，弗朗西斯不仅迅速找到了问题的根源，还提出了一个简单而有效的解决方案。

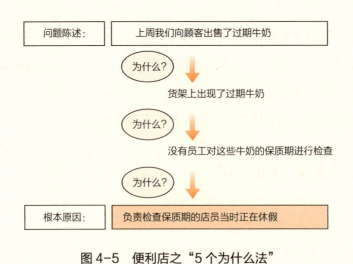

图 4-5 便利店之"5 个为什么法"

何时应用"5 个为什么法"?

"5 个为什么法"在 OBTAIN 流程法的各个阶段均能发挥作用:从设定成功标准到制定实施战略。不过,究其本质,作为一项分析工具,它最常在 OBTAIN 流程法的分析阶段予以应用。

一旦追溯到问题根源,请确保将其应用于假设树形图(详见第 3 章)和问题解决方案(详见第 5 章)的制订过程中。

如何应用"5 个为什么法"?

"5 个为什么法"适用于任何人。不过,对于一个你未曾参与的事件,如果你想深入了解其真相,最好还是咨询直接参与者的意见。毕竟你对该事件或该问题的假设永远比不上亲历者的见解。

要点提示

- 在小组内采用"5 个为什么法"时,使用挂图更加清楚直观。
- 不要因其简易性而低估"5 个为什么法"的价值,它是全球制造商广泛使用并信赖的工具。
- 有时"5 个为什么法"可能会分化出不同的分支——也就是说一项陈述之所以为真,可能有多个原因。完成每项分支的"5 个为什么法"分析,直至找到其根本原因。寻找所有分支共有的根本原因——这通常就是问题的根源。
- 始终结合定量或定性分析来支撑发现的根本原因——这将增加其可信度。

本节小结

- "5 个为什么法"是一款简单易用的工具,帮助追溯问题根源。

- 邀请问题相关人员参与探索过程，相互分享见解。
- 鉴于"5 个为什么法"的主观性，应进一步通过定性和定量分析来支撑其结论。
- 将发现的根本原因整合到解决方案的制订中。

你知道吗？

"5 个为什么法"这一概念在 20 世纪 70 年代随着丰田生产方式的推广而广为人知。这一方法最早由日本著名发明家丰田佐吉——丰田自动织机株式会社的创始人——在 1926 年提出。第二次世界大战后的"日本经济奇迹"促使西方公司在 20 世纪 80 年代和 90 年代开始模仿日本的商业技术。

4.5 简化电子数据表格模型

> **主要技术：**
> - 电子数据表格建模
>
> **基本原则：**
> - 建模是一款强大的分析工具，其操作并没有你想象的那么复杂。

何为建模？

建模是一种数据分析方法（通常使用 Microsoft Excel 等电子数据表格程序），根据一组输入的数据和假设来生成预测。尽管建模领域充斥着"校准""三角测量"和"质量保证"等晦涩的专业术语，听起来可能令人生畏，但无须因此气馁。只要遵循文中介绍的建模规则，无论是否精通这些术语，每个人都能构建出既可靠又实用的模型。

要掌握建模，首先需要了解什么是数据分析。数据分析有两种类型：向下钻取分析法⊖和建模分析法。关于向下钻取分析法，市面上已有大量文献和在线资源可供学习（相关信息，详见"延伸阅读和参考资料"以及第9章）。而建模分析法则缺乏清晰阐述，故特此介绍。表4-5展示了这两类数据分析的主要差异。

向下钻取分析法依托历史数据，专注于分析历史趋势和问题。虽然其简单直观的特性使其成为一种强大且广泛使用的分析手段，但此种依赖历史数据的特性也限制了它对事件未来走向的预测能力。相比之下，建模分析法则更为复杂，它不仅利用历史数据，还结合对未来的假设生成预测。尽管这种预测事件未来走向的能力使其成为一种理想的分析方法，但必须始终牢记，建模预测的准确性完全取决于其所依赖的历史数据和假设的合理性。

在了解了数据分析的不同类型及各自局限后，你就要决定是采用向下钻取分析法还是建模分析法。不要仅为了建模而建模。外表华丽、技术感十足的模型，如果建立在存疑的假设和不可靠的数据之上，那么其最终的输出结果也将毫无价值。

⊖ 数据钻取是按照某个特定层次结构或条件进行数据细分呈现，层层深入以便更详细地查看数据。让用户关注的数据范围从一个比较大的面，逐步下钻并聚焦到一个小的点上。
钻取是改变维度的层次，变换分析的粒度，允许你驾驭一个报表内不同层次的信息。它包括向上钻取和向下钻取。
向上钻取是在某一维度上将低层次的细节数据概括到高层次的汇总数据，或者减少维数；是自动生成汇总行的分析方法。用户可以定义分析因素的汇总行，例如对于各地区各年度的销售情况，可以生成地区与年度的合计行，也可以生成地区或年度的合计行。
向下钻取则相反，它从汇总数据深入到细节数据进行观察或增加新维度。例如用户分析"各地区、城市的销售情况"时，可以将某一个城市的销售额细分为各个年度的销售额，将某一年度的销售额继续细分为各个季度的销售额。通过钻取的功能，用户对数据更深入地了解，更容易发现问题，做出正确的决策。——译者注

表 4-5　数据分析类型

分析类型	特点描述	解答以下类似问题	范例	优势	劣势
向下钻取分析法	静态	先前数目是多少？	第一季度的销售额是多少？	易于执行	无法进行复杂的预测
	以历史为支撑	先前平均数是多少？	门店的平均收入是多少？	快速掌握	依赖基础数据
	简单	先前趋势如何？	存在何种季节性波动？	便于解释	简单也即意味着掩盖重要失误
建模分析法	动态	未来数目是多少？	来年的预期销售额是多少？	可灵活调整	生成的精准预测可能带有误导性
	预测性	未来平均数是多少？	未来的生产成本是多少？	可进行大量计算	需要良好的架构设计
	复杂	未来趋势如何？	可以预期的投资回报率是多少？	可提供各类情景信息	准确性不高

建模分析法是如何运作的？

如果你已经决定采用建模分析法来帮助解决问题，就应遵循以下 5 个步骤：

1. **明确建模目的**　在启动电子数据表格程序之前，与团队明确建模的预期目标。是为了评估公司的未来市值，还是预测在不同的市场需求（低、中、高需求）情况下特定产品的生产量？无论目标如何，确保在项目启动之初就已明确。

2. **规划模型架构**　同样，在打开电子设备之前，先在白纸上绘制出模型的"示意图"。图 4-6 展示了示意图的范例。其中，需注意以下要点：

- 每个方框代表电子数据表格中的一个独立工作表（或标签页）。通过公式将工作表相互连接，这有助于模型的构建和后续检验。

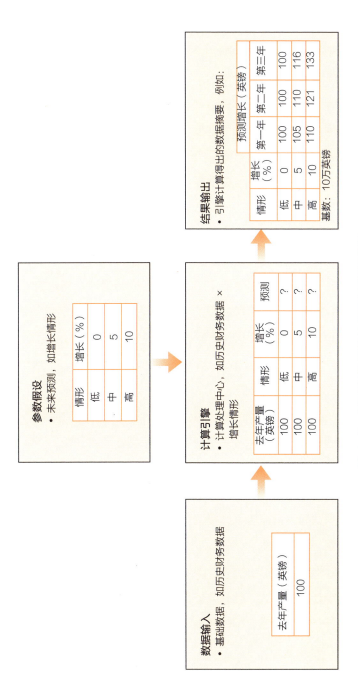

数据输入
- 基础数据，如历史财务数据

去年产量（英镑）
100

参数假设
- 未来预测，如增长情形

情形	增长（%）
低	0
中	5
高	10

计算引擎
- 计算处理中心，如历史财务数据 × 增长情形

去年产量（英镑）	情形	增长（%）	预测
100	低	0	?
100	中	5	?
100	高	10	?

结果输出
- 引擎计算得出的数据摘要，例如：

情形	增长（%）	预测增长（英镑）		
		第一年	第二年	第三年
低	0	100	100	100
中	5	105	110	116
高	10	110	121	133

基数：10万英镑

图 4-6　情景预测模型的简要示意图范例

- 逆向规划——建议从输出结果着手规划。通过明确模型的输出目标，有助于高效规划所需数据和计算步骤。

- 假设部分是模型中可调整的"动态"环节。换句话说，如果你在假设页面上更改了情形预测的参数，那么输出结果也会随之改变（前提是你已用公式将工作表相互连接）。

3. **理解数据** 输出结果的质量取决于输入数据的质量。因此，了解数据的局限性和拟解决的问题至关重要。例如，如果输入数据是基于当年产量的预估而非实际结果，那么输出结果就是估计和假设的产物。虽然该结果可以提供一个"大概"的参考值，但并不可靠。如果是此类情况，那么在使用模型输出结果进行分析时应清楚标识。

4. **检验假设** 输出结果的质量还取决于假设的合理性。与他人（可以是主要利益相关方）共同检验假设的合理性是很必要的。例如，1% 的预测增长率看似保守，但如果历史数据显示持续的负增长，那么这一假设可能仍过于乐观。因此，深入了解背景情况才能确保假设的合理性。

5. **遵循数据建模的黄金法则**

- 除假设页面外，模型中的所有活动单元格都应通过公式相互连接。避免硬编码（直接键入数字）——保持模型的动态性和灵活性。

- 在模型的第一张工作表中明确阐述假设、数据来源以及模型的使用方法，也就是所谓的"封面页"。

- 应考虑到他人可能接手建模工作，因此需要清楚阐明模型的结构和运作机制。

- 认真检验模型的输出结果，确保其合理性。如果发现异常，应重新核查所有计算和公式。在建立模型时，人们很容易因过于专注而忽略主要目标：给出可靠合理的预测。

何时应用数据建模?

数据建模是一项耗时性工作,因此,只有在确信其能带来价值时才应着手进行。在 OBTAIN 流程法中,这通常意味着你已经形成了关于问题解决的初步假设(请参见第 3 章),需要创建模型来检验该假设。如果假设是"我们应该停止生产巴迪熊玩具,因为其利润日益减少",那么可以通过建立模型来模拟不同的生产和成本情景,从而检验这一假设。一旦完成建模,应立即更新假设,明确指出该模型结果是证实还是否定了原有假设。

如何应用数据建模?

数据建模是一项高度个性化的工作。如果让两个建模专家针对同一目标建构模型,他们很可能会设计出截然不同的模型。因此,最佳做法是指定一名团队成员负责模型的构建,而另一名成员负责审核(即做"质量保证")模型的准确性和易用性。模型构建完成后,你应确保其易于使用,以便其他团队成员也能轻松操作。同时,你应与团队成员分享模型的输出结果,以便及时更新团队的假设。

范例

赛琳娜经营着一家专门生产手绘俄罗斯套娃的公司。近期,她阅读了部分行业报告,报告指出玩偶的生产成本日益增加,她担心自己的利润空间将缩小。为了准确把握成本变动带来的影响,赛琳娜决定构建一个数据模型,涵盖劳动力、原料(油漆、木材)以及工厂租金等成本要素。她期望通过模型来模拟生产成本增长的不同情景,评估它们对总体成本的潜在影响。她在白纸上绘制了模型的示意图,包括预期的单元格布局,如图 4-7 所示。

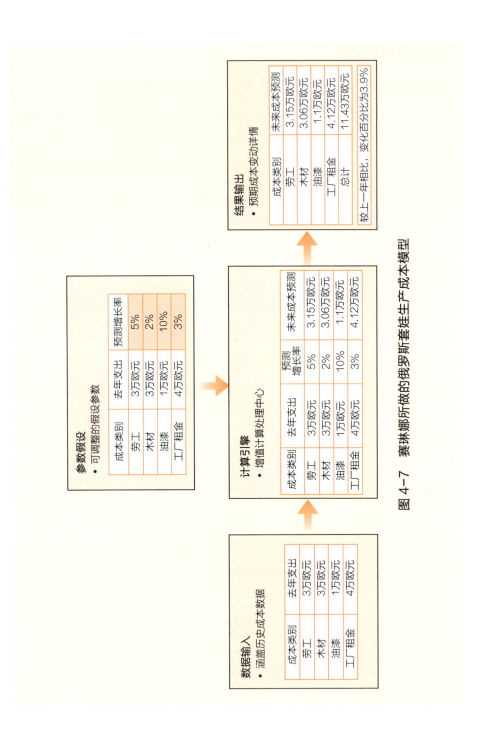

数据输入
- 涵盖历史成本数据

成本类别	去年支出
劳工	3万欧元
木材	3万欧元
油漆	1万欧元
工厂租金	4万欧元

参数假设
- 可调整的假设参数

成本类别	去年支出	预测增长率
劳工	3万欧元	5%
木材	3万欧元	2%
油漆	1万欧元	10%
工厂租金	4万欧元	3%

计算引擎
- 增值计算处理中心

成本类别	去年支出	预测增长率	未来成本预测
劳工	3万欧元	5%	3.15万欧元
木材	3万欧元	2%	3.06万欧元
油漆	1万欧元	10%	1.1万欧元
工厂租金	4万欧元	3%	4.12万欧元

结果输出
- 预期成本变动详情

成本类别	未来成本预测
劳工	3.15万欧元
木材	3.06万欧元
油漆	1.1万欧元
工厂租金	4.12万欧元
总计	11.43万欧元

较上一年相比，变化百分比为3.9%

图 4-7 赛琳娜所做的俄罗斯套娃生产成本模型

遵循数据建模的五步流程，赛琳娜首先核查了历史成本数据。由于这些数据源于公司的成本分类账，因此能确信这些数据是准确的。然而，对于假设部分，她则不太确定，因为这些假设是基于中欧成本的行业预测，而她的生产活动仅在东欧进行。鉴于此，她在模型中引入了一个可调整的成本增长变量，这样一旦获得新的信息，只需更新假设页面，模型的输出结果也会相应变化。完成规划后，她着手在电子数据表格程序中构建模型。

随后，赛琳娜为模型创建了一个封面页，便于工作交接和其他同事操作（见图4-8）。

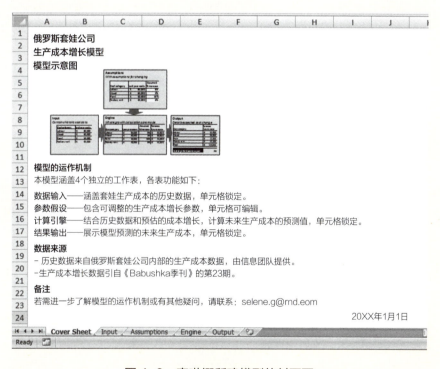

图4-8　赛琳娜所建模型的封面页

模型结果表明，根据行业信息，赛琳娜的俄罗斯套娃生产成本预计将大幅上升。这一发现证实了初步假设（详见第3章）——"必须增加收入以应对未来生产成本的上升"。得益于模型提供的定量分析，她的假设得到了有力支撑。

要点提示

- 为了使模型易于应用，你可以用颜色标记来区分模型的各个部分。例如，在假设工作表中，若希望他人能够修改特定单元格的值，你可以采用独特的颜色进行高亮标识。

- 在某些情况下，你可能需要限制他人对模型特定部分的编辑权限，尤其是包含核心计算的引擎表，此时你可以利用电子数据表格程序中的密码保护或单元格锁定功能。

- 为了帮助用户更好地理解模型，可以在封面页中插入模型的示意图，直观展示各工作表的功能及其相互关系。

- 记录模型中使用的所有假设、计算方法和公式，便于后续的错误核查。

- 当分析中有了新思路时，你要反问自己："这对分析而言有何价值？"你可能会有一些有趣的发现，但这是否值得深入挖掘、进一步分析？如果值得，即使需要额外的工作，也应持续深入，直到彻底揭示出分析结果。

本节小结

- 数据建模是一款强大的分析工具。它基于历史数据与假设，可以生成对未来的预测。

- 数据建模分析法与向下钻取分析法不同，后者侧重于分析历史趋势或问题，而前者专注于预测未来趋势。

- 建模本身不是最终目的。只有当模型能为你提供有用的分析、支撑你的假设且解决问题时，才有建模的必要。

- 高质量的建模既要有结构设计，也要有规划。它包含以下 5 个步骤：

    1. 明确建模目的。

    2. 规划模型架构。

    3. 理解数据。

    4. 检验假设。

    5. 遵循数据建模的"黄金法则"。

你知道吗？

电脑一词最早见于 17 世纪初，指的是那些手工进行数学计算的人。尽管早在 19 世纪 20 年代，剑桥大学的学者查尔斯·巴贝奇设计出了可编程计算机的原型，但电脑作为通用计算设备的名称直到 20 世纪才真正普及，成为重要的建模工具。而最早的计数工具可以追溯到 3.5 万年前使用的计数棒。已知最古老的计数棒是莱邦博骨，由狒狒的腓骨制成。

4.6   数据科学和人工智能的应用

主要技术：

◆ 跨行业数据挖掘标准流程[⊖]技术

⊖ 跨行业数据挖掘标准流程（CRISP-DM，全称 Cross-Industry Standard Process for Data Mining）是启动数据挖掘流程的实用性指导原则。它既是一种方法论，也是一种与行业、工具和应用程序分离的流程模型。作为一种方法，它描述了数据挖掘项目的典型阶段，概述了每个阶段涉及的任务，并解释了这些任务之间的关系。作为一个流程模型，它提供了数据挖掘生命周期的概述。——译者注

何为数据科学和人工智能?

人工智能(AI)作为一个学科领域,已有近80年的发展历史。然而,直到2000年云计算技术的兴起,企业界才开始真正认识到人工智能的巨大潜力。对于人工智能和数据科学的定义,我们可能需要不止一本书的篇幅来详尽阐述,不过在此,可以用这样一个简化的定义:

运用一系列原理、技术和算法从大数据中识别模式,并利用这些模式来辅助解决问题。

该定义强调了在解决问题流程中应考虑的三个要点。第一,数据科学涵盖了伦理学、商业分析、数学和统计建模等多个领域的原理、技术和算法。它涉及广泛的群体,而不仅仅局限于那些被称为"数据科学家"的从业人员。第二,从事数据科学离不开数据集。这看似简单,却涉及诸多复杂问题,如数据集的类型、所有权、使用权、存储位置和方式,以及数据在应用前是否需要经过处理或转换,和进行处理的成本等。第三,数据科学不是用来寻找问题的,应该从具体或潜在的问题着手,反向思考数据科学如何提供帮助来解决问题。

如何应用数据科学?

值得庆幸的是,跨行业数据挖掘标准流程技术为高效应用数据科学提供了一套行之有效的方法论,如图4-9所示。

简而言之,该方法的核心在于确保业务目标清晰明确以指导人工智能的探索方向。在第一阶段"了解业务"中，数据专家或数据科学家团队需要与企业内的利益相关方密切合作，明确业务目标，如利润最大化、增加营收或降低运营成本等常见目标。不过在进入下一阶段之前，数据专家或数据科学家团队一定要先了解预期绩效的底线要求，否则就无从判断是否值得应用这种新的数据科学技术。

图4-9　跨行业数据挖掘标准流程技术

在第二阶段，数据科学家或数据工程师需要识别哪些数据可以用来实现业务目标。这些数据可能来自网站流量数据、社交媒体广告、内部财务报表、门店客户视频等多种渠道。这一阶段主要是核实哪些数据能用、哪些数据不能用。例如，视频数据的使用，需要先获得客户的许可。

第三阶段是数据准备阶段，也是工作量巨大的阶段，通常一个数据科学家约一半的工作时间都用在这上面，具体包括数据的清洗、标准化，以及准备待用等。试想一下：每次登录网站时，你是否有意识地点击了哪些按钮？何时点击？为何点击？你是否感觉到了干扰，可能在完成购买之前就关掉了手机？或者，一个孩子在结账时输错了产品数量。类似数据都将服务于数据科学。在数据准备阶段，要做的是了解哪些是有用的，哪些是应该舍弃的。一般来说，将不同的数据源融合在一起需要付出大量的精力，这通常涉及将数据转化为统一的分类标准。

只有在数据建模阶段，才会在数据上应用算法来解答具体问题。在评估阶段，需要对建模结果进行检验，最好是与最初设定的业务目标的底线要求进行比对：新技术是否有助于获得比原来更好的结果？只有通过这样的评估之后，企业才能决定是否将数据科学"部署"到整个业务流程中。

数据科学和人工智能如何助你一臂之力？

数据科学是一个迅速演变的领域。为了避免被层出不穷的新技术所困惑，可以用更通俗的语言来理解各种算法和技术是如何帮助我们解决特定问题的。这些问题主要包括：

- **该问题的本质是什么？** 聚类分析[⊖] 技术能够对庞大的数据集进行分类，识别出有助于深入理解特定问题的模式。例如，对客户购买行为的聚类分析，可以帮助企业识别不同的客户群体或"簇"，从而开展更有针对性的用户研究（详见第 1.3 节）。
- **是否存在异常情况？** 异常检测[⊖] 技术能有效检验大型数据集中的异常情况。该技术在欺诈检测领域尤为重要，并且已广泛应用在支付技术中。

⊖ 聚类分析（Cluster Analysis）主要用于将数据样本划分成多个类别或簇（Cluster），使得在同一簇内的数据相似性较高，不同簇之间的数据相似性较低。聚类分析的目标是在不需要预先定义类别的情况下，发现数据中的内在结构和模式。——译者注

⊖ 在数据挖掘中，异常检测（Anomaly Detection）是对不符合预期模式或数据集中的其他项目或观测值进行识别。通常异常项目会涉及银行欺诈、结构缺陷、医疗问题、文本错误等问题。——译者注

- **如何进行匹配？** 亲和性分析[一] 和相关性分析[二] 可以帮助企业识别频繁的行为模式或关联规则，有助于企业预测喜欢某一产品的客户是否也会对另一产品感兴趣。

- **如果我这样做……** 倾向建模和回归分析[三] 能够利用数据，对特定干预措施可能产生的效果进行预测性分析，如调整交通信号灯的时长或实施交通分流等。

- **让我成为……** 近年来，"生成式人工智能"备受关注。利用大语言模型等技术，可以判断在特定语境中最合适的词汇。此类技术不仅可用于生成大规模引人入胜的文字内容，还能应用于图像和音乐的创作中。

需要注意的是，所有这些技术都要基于数据，而数据可能存在错误或偏差。因此，不能盲目认定其输出结果一定是"正确"的。部分生成式人工智能模型可能会存在"幻觉"现象，即生成的内容看似合理，实则错误。算法需要不断地进行检验、更新、完善和回顾——即便在某一时刻它们能够提供有效可靠的输出结果，也不能保证在未来始终如此。

[一] 亲和性分析（Affinity Analysis）是一种数据挖掘方法，常用于找出商品间的关联规则。例如，用户购买 A 商品后常常也购买 B 商品，那么通过计算支持度和置信度可以优化推荐系统。——译者注

[二] 相关性分析（Correlations）是对变量两两之间的相关程度进行分析。相关分析的计算方式有三种，分别是 Pearson 相关系数（适用于定量数据，且数据满足正态分布）、Spearman 相关系数（数据不满足正态分布时使用），以及 Kendall's Tau Rank 相关系数（对异常值的敏感性较低，同时可以处理数据集中的缺失值）。——译者注

[三] 回归分析（Regression Analysis）是一种统计学方法，用于研究一个或多个自变量（解释变量）与因变量（响应变量）之间的关系。其目的是通过建立一个数学模型来预测或解释因变量的变化。回归分析可用于预测、解释、检验假设等方面。——译者注

范例

玛雅是一家大型住房协会的维修主管。该协会管理着数万套住房和众多租户。房屋维修作为协会成本最高昂的事项，几乎占据了总成本的20%。

财务总监指派玛雅调研数据科学和人工智能在降低维修成本方面的应用潜力。

玛雅随后委托一家数据科学咨询公司协助工作。他们共同应用了跨行业数据挖掘标准流程，并明确了业务目标：降低维修成本。在第一阶段，玛雅与协会内的商业智能团队合作，确认了维修成本的底线。他们发现了两组关键数据：协会每次维修的平均成本约为8700英镑（成本波动较大）；维修平均耗时89天，并且在超过30天后，每延误一天的成本都将增加100英镑。基于上述信息，玛雅要求咨询公司深入研究两个问题：如何降低维修成本以及如何提升维修效率。

在了解数据阶段，根据预期目标，团队对所有潜在的数据源进行了详细的分类和编目。这些数据源涵盖了过去十年内所有维修活动的记录，包括：维修类型、地点和持续时间；财务成本明细；按维修供应商细分的不同维修成本的互联网数据；维修供应商的财务成本数据；维修请求的通话记录和互联网数据；关于房龄与房屋类型的数据；等等。此外，潜在数据源还包括了协会开展的一项试点项目的部分数据，该项目测试了无人机技术在识别潜在维修需求方面的可行性。

在数据准备阶段，团队投入了大量时间来匹配各类财务信息与住房存量数据。在建模阶段，团队采用了多种技术手段来解答与降低成本相关的各类问题。

在评估阶段，咨询公司通过采用倾向分析和回归分析发现，无人机拍摄的图像可用于预测未来三个月内可能需要维修的地点。此外，通过基础的相关性分析，他们发现某些维修供应商的报价普遍高于其他供应商，而对房屋类型与房龄的回归分析能够有效预测房屋需要维修的时间。

咨询公司的工作成果不仅为进一步的评估和试验指明了方向，还揭示了通过快速预测出何时可能需要维修，在成本上升前主动进行维修，就可以实现成本降低的目标。

玛雅将这些建议提交给了财务总监。后者同意在进行更深入的评估后，启动为期三个月的试验项目，以便在维修中全面部署数据科学。

要点提示

- 数据科学和人工智能虽然复杂，但其本质都是通过数据揭示行为模式，从而有助问题的解决。
- 创造性地运用数据；有时最不寻常或最少使用的数据类型（例如图像或视频）可能带来意想不到的效果。
- 在应用数据科学时，需警惕潜在的风险和偏见。
- 反问自己：拟解答的问题是什么？哪些技术能提供帮助？
- 数据科学和人工智能的成本不菲；有时，投入可能不会带来预期的回报。

本节小结

- 我们正处于一场由数据科学和人工智能引领的革命之中。它为企业提供了巨大的机遇，开辟了解决问题的新途径。
- 数据科学是一个复杂且充满挑战的领域。你需要做的是尽可能简化让数据科学解答的问题，同时聚焦在你认为重要的问题上。
- 切勿急于采用人工智能解决方案。它不仅成本高昂，而且效果可能远不如预期。先启用跨行业数据挖掘标准流程，确保你的企业已经为应用人工智能做好了充分准备。

你知道吗？

人工智能领域充满了令人振奋的突破。英国著名数学家艾伦·图灵在近 80 年前提出了著名的图灵测试[⊖]。该测试认为只有当人们无法区分出计算机和人类时，才能证明计算机具备了真正的人工智能。然而，当前许多专家认为该测试已不足以衡量人工智能的能力——很有可能是因为人工智能的表现早已超越了这一标准！

分析问题阶段清单

在 OBTAIN 流程法的这一阶段，需完成下列事项：

- 确定并联络数据持有者，完成数据收集。
- 全面了解网络安全风险，掌握相应的纾解措施。
- 对相关人员开展访谈，并对他们付出的时间表示感谢。
- 咨询行业专家，获取他们对问题的专业见解。
- 运用"5 个为什么法"追溯问题根源。
- 适当时候，创建电子数据表格模型，预测未来情境。
- 全面探索数据科学与人工智能的应用潜力。
- 利用分析成果来改进、确认或舍弃现有假设。

⊖ 图灵测试（Turing Test）是英国计算机科学家艾伦·图灵于 1950 年提出的思想实验，也称为"模仿游戏"。这个实验的流程是由一位询问者写下自己的问题，随后将问题发送给在另一个房间中的一个人与一台机器，由询问者根据他们所做的回答来判断哪一个是真人，哪一个是机器。所有测试者都会被单独分开，对话以纯文本形式透过屏幕传输，这个测试意在探求机器能否模仿出与人类相同或无法区分的智能。——译者注

任务重点：向利益相关方做中期项目展示和报告

此时，你应该对问题的根本原因有了清晰认知，并对拟采用的解决方案有了明确构想。现在，你可以通过中期项目展示和中期报告向利益相关方汇报最新的工作进展。需要注意的是，如果未能吸引利益相关方的参与，他们就极有可能不会采纳你提出的解决方案。关于如何撰写报告和制作项目展示的更多细节，详见第 6 章。

第 5 章
设想解决方案

05

设想解决方案阶段的目标：
- ◆ 针对问题设计出最佳解决方案，制订实施计划。

涵盖的工具与技术：
- ◆ ABC 问题解决方案，即安排（Arrange）—头脑风暴（Brainstorm）—选择（Choose）
- ◆ 原型设计
- ◆ 技术采用
- ◆ 激励均衡模型

本章提到的补充工具可参见第 9 章。

主要成果：
- ◆ 在多数利益相关方同意的情况下，选择最佳解决方案。
- ◆ 针对解决方案，制订实施计划。

OBTAIN 流程法

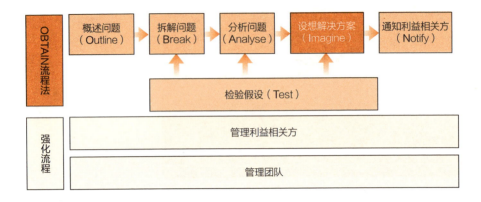

5.1　设计最佳解决方案

> **主要工具：**
> ◆ ABC 问题解决方案，即安排（Arrange）—头脑风暴（Brainstorm）—
> 选择（Choose）
>
> **基本原则：**
> ◆ 应用 ABC 三步，轻松提出解决方案。

什么是 ABC 解决方案？

　　人们通常认为，一旦收集了数据、进行了分析并提出了可靠的假设，问题的解决方案就会一目了然。实际上，情况并非总是如此。选择解决方案往往是问题解决过程中最难的部分。通常会有很多的备选方案，并且都各具优势，背后都有不同利益相关方的支持。

因此，针对问题的解决有任何创意之前，你应该先就方案的产生进行规划，包括尽早选择一套客观的评估标准，让尽可能多的人员参与到创意产生的过程中来，最后根据商定的评估标准，从多种创意中选出最佳解决方案。这一过程可以简化成为如图 5-1 所示。

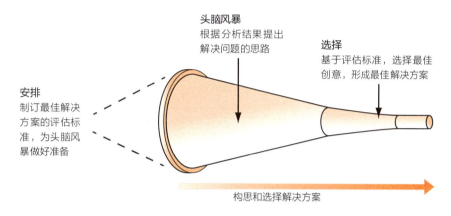

头脑风暴
根据分析结果提出
解决问题的思路

选择
基于评估标准，选择最佳
创意，形成最佳解决方案

安排
制订最佳解决
方案的评估标
准，为头脑风
暴做好准备

构思和选择解决方案

图 5-1　ABC 问题解决方案全过程

ABC 问题解决方案如何运作？

具体分为以下三步：

第一阶段：安排（Arrange）

- **明确设定最佳解决方案要实现的目标**。目标的设定要基于之前所做的分析和假设。这个目标可以是问题陈述（详见第 1.1 节）中初步确定的成功标准。例如，"亟待解决的问题"是"如何缩短包裹运送到美国西海岸的时间"。解决方案要达成的目标是"将西海岸的交货时间从平均 7个工作日缩短至 5 个工作日，客户无须支付额外费用"。
- **制定评估标准**。为确保方案选择的客观性，要先确定一份标准清单，对照清单给创意评分。清单可包括成本、风险、影响、实施难度等。

- **告知大家目前的分析结果。** 提出创意和参与选择的每个人都要熟知在 OBTAIN 流程法中迄今为止进行过哪些分析，这一点至关重要。这可能就需要起草一份简要报告（关于如何撰写有说服力的报告，请参见第 6.1 节），报告中概述与当前问题相关的根本原因、假设和分析。然后将其分发给参与头脑风暴的每个人。

第二阶段：头脑风暴（Brainstorm）

- **鼓励横向思维。** 当你在头脑风暴环节做好了必要安排，并邀请利益相关方参与时，应鼓励大家创造性地提出各种可能的解决方案。你可以向与会者展示 VCPH 工具包中的"绩效"部分，以此作为标准的示范（有关如何应用 VCPH 工具包，详见第 1.2 节）。

- **重视每个人的想法。** 在头脑风暴这个阶段，"没有坏创意"这句格言就显得尤为重要。哪怕是最天马行空的建议，也可能会启发别人想出更好的点子。

- **将同样的想法归类。** 一旦有了众多想法后，就要将其归类，以方便做出选择。

（有关头脑风暴的更多内容，请参见第 9 章"主要商业工具和框架"）。

第三阶段：选择（Choose）

- **按照设定的标准打分。** 鼓励参与头脑风暴的所有成员，根据事先安排的评估标准，（单独或大家一起）对不同创意逐一进行评分。完成这一步后就会出现一个最受大家推崇的创意，这个创意就是"首选解决方案"。

- **用假设树形图检验解决方案的逻辑性。** 明确了首选解决方案后，需要用假设树形图对其进行逻辑检验（详见第 3 章）。如果该解决方案经得起推敲，那么这个"首选解决方案"就是"最佳解决方案"。

- **细化解决方案。**确定了最佳解决方案后，就应该与利益相关方就方案展开论证，充实更多的细节，同时确保利益相关方的认可（有关与利益相关方的沟通，详见第 7 章）。接下来需要考虑如何具体实施最佳解决方案（详见第 5.2 节）。

何时应用 ABC 问题解决方案?

只有在对问题进行了深入分析之后才能产生创意，从而选择解决方案。如果缺少这一步（包括定量和定性分析），所谓的解决方案就仅是基于猜测了——不过是一种"预感"而已。这就完全违背了解决问题的原则：最佳解决方案必须是以扎实的分析为基础的。即使你已经确定了首选解决方案，仍可能觉得有必要再进行一些分析，以便对选择的逻辑性有 100% 的把握。在使用假设树形图测试首选解决方案时，这种必要性就会显现出来。

如何实施 ABC 问题解决方案?

有一点非常重要，那就是要让不同利益群体中尽可能多的代表参与到创意的产生与选择的环节中来（有关与利益相关方打交道的更多内容，详见第 7 章）。这是因为参与的人越多，他们对解决方案及其实施的主人翁责任感就越强。尽管安排阶段可由问题解决团队负责，而头脑风暴和选择阶段则需要尽可能多的相关主体的参与。

一旦为当前的问题选择了最佳解决方案，就该由解决问题的团队确定如何更好地实施该方案（详见第 5.2 节）。值得注意的是，尽管理论上的最佳解决方案已经选定，可如何在实践中切实执行，仍有许多重要工作要做。

范例

　　菲利普是一项大学助学金筹款项目"未来筹资"的主管。项目进行到一半时，他担心迄今为止筹集到的资金远远低于往年和行业标准。于是他启用了 OBTAIN 流程法，目前进入到了设想阶段。基于分析阶段的成果，他确信原因在于筹款人缺乏动力，而这一点比其他任何因素都要明显，正是筹款数字偏低的根本原因。为了尽快解决这些动机问题，他决定应用 ABC 问题解决方案。

第一阶段：安排（Arrange）

- **设定清晰目标。**菲利普为头脑风暴会议设定的目标是：针对筹款者的动机问题制订一个解决方案，从解决方案实施到筹款计划结束，每个筹款者筹得的资金至少增加 10%。
- **制定评估标准。**菲利普确定了三项评估标准，所有提升筹款者积极性的创意都将根据这三项标准进行评分，并为每项标准分配权重（见表 5-1）。在此，菲利普选择了一些较为常见的标准。成本：该创意需要多少资金支出？实施的难易程度：创意付诸实践的难度有多大？影响：创意能在多大程度上直接解决问题？风险：提出的解决方案实施后出现问题的可能性有多大？菲利普认为，在选择最佳解决方案时，影响和实施的难易程度这两点是最为关键的。他对成本的关注度稍低，VCPH 工具包（详见第 1.2 节）的分析表明，提高筹款人的积极性会带来可观的经济回报；换言之，经济效益将大于成本。他对风险的评价相当高，达到 4 分（满分 5 分）。他担心的是，一旦出现任何重大失误，恐怕没有太多的时间来纠正，因为他们的筹款计划已经过半。

表 5-1　评判标准

标准	权重（1 ~ 5）
成本（5 = 成本最低）	3
实施难易程度（5 = 最易实施）	5
影响（5 = 最有影响力）	5
风险（5 = 风险最大）	4

- **告知大家目前的分析结果。** 菲利普邀请五个人参加头脑风暴会议（见上文关于小组解决方案的说明），包括他自己、三名筹款人和一名以前从未参与过这一特定筹款计划的同事。邀请最后一位与会者的目的是了解"局外人"对问题的看法。在会议开始前，他应用假设树形图（见图 5-2），对迄今为止的分析和假设进行了简要概述。

第二阶段：头脑风暴（Brainstorm）

- **鼓励横向思维。** 参加头脑风暴会议的人员聚集在一个房间里，菲利普在墙上贴了一个醒目的标识，提醒大家注意拟解决的问题：如何提高积极性？随后，他鼓励大家忘掉筹款和具体的工作环境，接着分发了几篇关于提高积极性的文章（他特意挑选了一些与筹款无关的行业），菲利普让与会者在头脑风暴开始之前先花 15 分钟阅读这些文章。

- **重视每个人的想法。** 菲利普发现，小组中有些人相对沉默寡言，而要了解每个人的想法，最好的办法就是让他们各自提出创意。于是，他发给每位与会者（包括他自己）三张便利贴，要求每个人在每张便利贴上写下一个提高积极性的创意。然后，他让每个人把自己的创意贴在墙上并读出来。具体的成果如下：

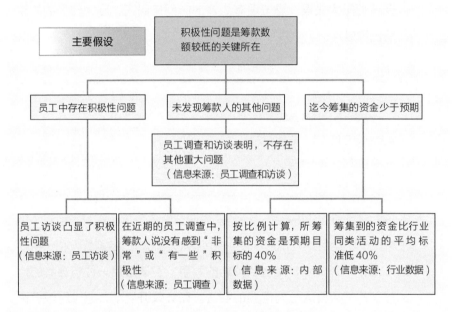

图 5-2　菲利普在安排阶段的假设树形图

问题：如何提高员工的积极性？

具体提议：

营造更友好的氛围

延长午餐时间

予以经济刺激

对表现良好者予以奖励

| 提供职业发展空间 |
| 通过筹集资金排名来创造竞争 |
| 加强社交 |
| 提高薪酬 |
| 提供职业辅导 |
| 缩短工作时间 |
| 组织工作聚会 |

- **将同样的想法归类。**菲利普注意到提出的几个创意很相似，于是将其归为以下几组：

| 问题：如何提高员工的积极性？ |
| **提议的想法（归类）：** |
| 营造更友好的工作环境 |
| 缩短工作时间 |
| 将业绩与经济奖励挂钩 |
| 业绩好的予以奖励 |
| 按业绩对员工排名 |
| 提供更好的职业指导 |
| 组织社交活动 |
| 提高薪酬 |
| 淡化筹资目标 |

第三阶段：选择（Choose）

- **按照设定的标准打分。**为了获取所有与会者的意见，菲利普请他们先私下里根据事先设定好的标准为创意打分。然后，他把这些创意集中起来，算出平均分，见表 5-2。其中一个创意在"业绩好的予以奖励"一栏排名第一，菲利普小组的首选方案就此产生。

表 5-2　评估标准分数

创意	参会者平均得分				加权分数（乘以预设的权重分数——见表 5-1）					等级
	成本（5=成本最低）	实施难易程度（5=最易实施）	影响（5=最有影响力）	风险（5=风险最大）	成本（5=成本最低）	实施难易程度（5=最易实施）	影响（5=最有影响力）	风险（5=风险最大）	总分	
业绩好的予以奖励	2.8	4.2	4.5	3.5	8.4	21.0	22.5	14.0	65.9	1
组织社交活动	4.0	4.5	2.3	4.2	12.0	22.5	11.5	16.8	62.8	2
按业绩对员工排名	4.2	4.5	3.2	2.6	12.6	22.5	16.0	10.4	61.5	3
提供更好的职业指导	4.6	4.2	1.5	4.7	13.8	21.0	7.5	18.8	61.1	4
提高薪酬	4.7	3.6	3.7	2.4	14.1	18.0	18.5	9.6	60.2	5
营造更友好的工作环境	3.4	2.7	2.5	4.4	10.2	13.5	12.5	17.6	53.8	6
淡化筹资目标	4.3	3.5	1.6	2.9	12.9	17.5	8.0	11.6	50.0	7
将业绩与经济奖励挂钩	2.2	3.1	4.1	1.5	6.6	15.5	20.5	6.0	48.6	8
缩短工作时间	4.3	1.5	2.0	3.8	12.9	7.5	10.0	15.2	45.6	9

- **检验解决方案的逻辑性。** 菲利普迫切希望验证他的首选方案就是最优方案，于是他采用假设树形图来进行检验（见图 5-3）。之前创建 VCPH 工具包时（详见第 1.2 节），他曾阅读过一些学术文献和员工管理类文献，此时也需要再次核对这些文献。现在他对"最佳解决方案"背后的逻辑非常满意。

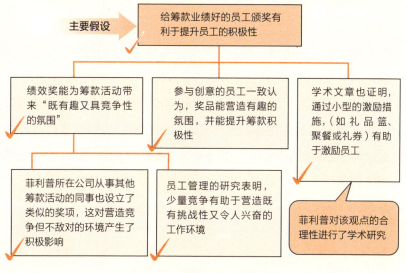

图 5-3　检测后的解决方案

- **细化解决方案。** 菲利普担心在筹款计划中营造一种过度竞争的环境会对某些员工产生负面影响（"按业绩对员工排名"就存在这种问题），因此他与团队成员讨论了避免这种情况的办法。最终，他们建议奖品应该是：

  - ◆ 集体奖励——绩效优异的小组可共同获得奖励。
  - ◆ "超额完成任务"奖——当小组的筹款额超过本周目标时予以奖励。
  - ◆ 奖品更注重趣味性而不是经济性，更多采用聚餐和饮料的形式（包括排名第二的组织社交活动等），而不是支票的形式。

选择了最佳解决方案，对其逻辑性和实际操作细节进行了测试，菲利普现在已经准备好了进入 OBTAIN 流程法的下一阶段：实现改变。

要点提示

- 你可能需要多种解决方案来解决手头的问题。只要实施起来可行，就没问题。

- 为了有助于横向思维，可以在不同于正常工作环境的地方进行头脑风暴。如果天气好，可以在室外进行，或者至少在不同的房间进行。

- 在构思最佳解决方案的细节时，不要害怕合并其他想法的部分内容。如果排名第一的想法是削减开支津贴，排名第二的想法是公布开支，那么这两个想法可以构成一个最佳解决方案的一部分：削减开支并提高透明度。

- 像头脑风暴这样的创意会议不好操控，要做好准备。

这里有几个小贴示：

- 在会议开始时制定明确的基本规则：手机关机、一次只能有一个人发言、对所有想法一视同仁等。

- 用快速破冰的方式来缓和气氛。这些做法并不会令人感到尴尬或愚蠢。只要问每个人一个简单的问题，比如："你最喜欢的工作是什么？""如果你能穿越到历史上的任何年代，你会选择哪个时期？"你会惊讶地发现，之后大家会更加放松和开放。

- 如果人们互相交谈，可以尝试制定一些规则，比如"只有举手才能发言"或"只有轮到你拿着某件办公室用品时才能发言"。哪怕只是提出这样一条规则，也会让人们更加注意自己的行为，减少破坏讨论行为的发生。

- 通常情况下，有人会在会议上提出一个与讨论内容并不相关的好想法。与其让会议脱轨或完全忽略这个想法，不如"存放"这个想法。要做到这一点,可以在会议室的墙上贴一张挂图,随着会议推进,确保明确记录这些"存放"的想法。同时,确保在会议结束时留出时间讨论这些问题。这就好比提前准备会议的"其他事项"部分。

- 如果大家过于拘泥细节,可以换个话题。头脑风暴的核心是创造力、想象力和宏观创意。如果你发现小组在细节问题上卡住了,那么可以鼓励他们换个思路。商业领域固然讲究细节,但绝不应该在头脑风暴环节。

有关头脑风暴的更多提示,请参见第 9 章。

本节小结

- 在生成解决方案的过程中,你将利用迄今为止从分析中获得的洞察力,提出一个能够从根本上解决问题的创意。

- 要想获得最佳解决方案,就必须精心规划。这包括三个步骤:

  - 安排:为头脑风暴会议做好准备,为最佳解决方案设定一个明确的目标,为你的想法制定评估标准,同时向头脑风暴的参与者通报你迄今为止的分析结果。

  - 头脑风暴:创意是关键,不要局限于眼前的问题,鼓励参与者尽可能发挥想象力,提出自己的创意,不过请确保所提出的想法始终基于之前分析得出的观点。

  - 选择:根据预先设定的评估标准对你的想法进行评分,从而选出首选解决方案;用假设树形图测试解决方案的逻辑性;一旦你对该方案感到满意,就可以将其提交给利益相关方,看他们是否满意,并为解决方案补充细节。

- 如果你觉得需要进行更多分析才能确保你的解决方案是"最佳"的,此时不要惊慌。解决方案的产生往往是一个反复的过程,不要因为懒得仔细检查其逻辑性就一推了之。

- 请记住,基于事实的分析才是最佳解决方案,其他一切都只是预感而已。

你知道吗?

1907 年,维多利亚时代著名的博学家弗兰西斯·高尔顿(Francis Galton)爵士在一个集市上有了个惊人的发现。集市上有个游戏是猜一头牛有多重,虽然只有极少数人(包括几位养牛专家)猜对了牛的重量,但从整体上看,集市上所有观众猜测的平均值(在本案例中为中位数)最接近正确的重量。高尔顿多次重复这一实验,得出了集体智慧优于个人(甚至专家)智慧的结论。由此诞生了一句现在很流行的商业格言:我们应该相信"群众的智慧"。在头脑风暴会议之前讲述这个故事,有助于提醒那些容易主导讨论的人,他们的行为可能会带来不利影响。

5.2　原型设计与测试解决方案

> **主要工具:**
> ◆ 原型设计
>
> **基本原则:**
> ◆ 一个好的创意需要加以测试,才能确定它在实践中是否够好。

什么是原型设计?

原型设计是一种简单而有效的工具,可用于测试所提出的解决方案是否可行。原型设计有助于赢得持怀疑态度的利益相关方的支持,了解更多关于解决方案的潜在效益或成本,也可以即时向利益相关方展示项目进展。这项工作不一定要耗费巨资。原型设计的一大魅力在于它可以快速回应。如果你的团队或利益相关方对你说"这个主意确实不错,但我只有亲眼看到才会相信"，那么此时就是运用原型设计的时候了。

原型设计如何发挥作用？

原型从低保真到高保真有多种类型，并且各有利弊，但都能很好地发挥作用。原型设计的类型和每种原型的范例如图 5-4 所示。

低保真	中等保真	高保真
纸张 / 纸板 口头角色扮演	数字化 / 可点击 线框图	端对端试点 实物模型

图 5-4　原型设计类型

- 低保真原型的制作简单快捷。这些模型可以是纸质模型，也可以是团队角色扮演的潜在场景。它们主要用于说明潜在解决方案在实践中如何发挥作用。鉴于其性质，低保真原型自然不会显示出太多有关解决方案的具体费用信息，但却可以从中很好地了解到运用该方案后会呈现的样子。如果你想展示新呼叫中心工作流程的影响，口头角色扮演会是一种简单而有效的方式，它能直观地向利益相关方展示对于用户来说它是什么样子的，以及会给用户带来怎样的感受。

- 中等保真原型通常用于数字化转型领域。其线框图（潜在互联网或移动应用页面的书面图纸）可以让拟议的数字产品或服务栩栩如生。而且，使用 HTML（超文本标记语言）、CSS（层叠样式表）和 JavaScript（一种脚本编程语言）等基本前端脚本进行一些简单的编码，就能创建一个"可点击"的原型，让用户在新的数字界面中进行体验。中等保真原型能把用户体验直观地展示出来，不过在运用时需要考虑清楚其对相关业务的影响。例如，新网页的设计需要哪些数据，能为该业务的其他分支提供哪些数据，以及这些数据的去向如何等。

- 高保真原型更类似于一比一试点。如果你想创建一个新的零售环境，这类原型可以完全模拟实体商店，或者提供完全可用的数字服务。需要注意的是：由于涉及时间和成本，要尽量从原型中收集有用的数据，例如：关于新的工作方式，从原型中能看出什么？新活动需要多长时间？是否让你对拟转型的规模有了更多了解？

何时应用原型设计？

原型设计与假设检验十分相似，但考虑到可能涉及的成本和工作量，最好在假设检验的后期进行。如果你有一个或两个最佳解决方案（请参见第 5.1 节），它们极有可能就是最适合用来做原型设计的。

范例

霍普经营着一家连锁平价超市的东部分店。在过去的六个月里，她一直在为这家连锁实体店制订转型计划。通过大量的数据分析、客户研究、利益相关方参与以及假设检验，霍普就连锁店在商品、布局方面应做的转变以及实体与数字的互动上提出了明确的建议，以期增加收入、吸引新客户并保持营业利润率。

上个月，霍普给超市董事会做了一个大型汇报。虽然董事会在理论上表示支持，但却从报告中看不出转型的商店与竞争对手有什么显著不同，所提出的方案也看不出具有足够的前瞻性。因此他们要求霍普在两个月后的下一次董事会会议上把修订后的方案再汇报一遍。

对董事会的反馈意见进行深入反思后，霍普意识到，即便再多的电子表格、幻灯片或图表也不能说服董事会相信拟转型的正确性。于是，她决定找一家相对安静的分店，对方案中的门店布局进行实景模拟，并要求下一次的董事会会议要有这样一个环节，即对她所建的高保真模型进行实地考察。这次实景模拟的预算是 1 万英镑，霍普带来了打算进货的新产品，用纸板展示了预计启用的新标识，她将预算的一半用在了制作可点击的移动应用程序原型上，这样可以向新顾客展示购物体验。她还要求店里的部分员工穿上新店服，使用方案中的新话术等。

董事会被这次实景模拟深深吸引。一位董事会成员说，这是他们参加过的最令人愉快的一次会议；另一位董事会成员则说，原型设计确实有助于将所提出的方案变为现实。除了这些溢美之词，霍普也发现了方案中的一些问题。例如，方案中的部分门店服装与整体布局在色彩上相冲突，员工的话语有些呆板，等等。对此她进行了调整，准备迎接更大范围的店铺改革。而董事会在考察了实景模拟现场后，高高兴兴地批准了这个方案。

要点提示

- 原型设计是一个创造性过程。如果你发现谁是最有创造力的团队成员，就要让他们参与原型设计。
- 尽量使原型接近你的预期解决方案，如果偏差太大，对你就没有太大价值了。
- 数字原型的成本在不断降低。免费软件或成本相对较低的软件就可以帮你创建有吸引力的数字线框图或定制前端脚本，用户可以真正点击进去体验你预设的情景。

本节小结

- 原型不需要花费巨资。其目的是让你或利益相关方更好地了解所提的变革。如果只通过纸板模型就能实现这一点，那就再好不过了。
- 对于一些更为先进的高保真原型，其成本可能会很高。要确保从这种原型中获取最大收益，将该原型作为准试点，边做边收集数据。

- 设计原型是为了使呈现效果更加生动。不要把它们藏起来，要与团队、利益相关方和用户共同分享。

你知道吗？

原型并非商业术语。在拉丁语和希腊语中都有它的词源。拉丁语中的prototypus 意为 "原始原型"，希腊语中的prōtotypon 意为 "第一模型"；"原型" 这个词自 16 世纪末开始在英语中使用。

5.3 采用新技术

> **主要工具：**
> ◆ "构建" 或者 "购买" 矩阵
>
> **基本原则：**
> ◆ 如果你要采用某些新技术，就先要了解其影响。

什么是技术采用？

你的企业是否被多个技术系统搞得一团糟？你是否在努力使不同的系统相互兼容？你是否与一家技术供应商签订了长期而昂贵的合同，想摆脱却又无法摆脱？所有这些都是采用新技术时易发生的典型问题。

如何妥善采用技术？

如果你已经为拟采纳的解决方案设计了原型，并且利益相关方完全支持你的提议，那么接下来面临的问题就是：应该构建还是购买新的解决方案（或者采用两者的某种混合形式）？对于这个问题，"构建"或者"购买"矩阵能够帮你抉择，如图 5-5 所示。

该矩阵列出了两个轴心，第一个是技术上的成熟度，第二个是你想采用的技术在多大程度上是公司的核心竞争力之一。关于第一个轴心，新技术是指那些新兴的或处于验证中的技术。截至 2020 年年初，类似元宇宙技术（如增强现实或虚拟现实）的东西就属于这一类。商品技术是指多年来一直应用于多个不同领域的技术，获取成本也可能相对较低。条形码扫描或云计算就是商品技术的例子。关于第二个轴心，核心竞争力是企业的精髓所在。

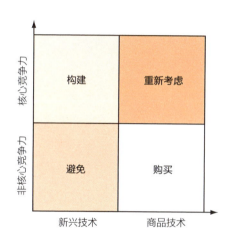

图 5-5　"构建"或者"购买"矩阵

因此，如果你经营一家酒店，你的价值观和客户体验可能就是核心竞争力。非核心竞争力也是一种重要的能力，但它不能使企业脱颖而出。比如，对于酒店而言，餐饮服务可能就是重要但非核心竞争力。

就矩阵图而言，"构建"一项技术意味着在公司内部开发技能，以创建和运行你提出的解决方案；"购买"则意味着向第三方支付费用，以开发和运行软件或硬件;"避免"是说不要为那些对用户来讲并不重要的东西冒险启用新技术;"重新考虑"即再次思考这是否是明智之举——如果你的核心产品之一依赖第三方或倚重一项现成的技术是很危险的。

何时考虑技术采用?

一旦就解决问题拟采用的技术达成一致,就应该应用"构建"或者"购买"矩阵来确定最佳方案。你可以与企业的利益相关方合作,评估能力方面的考虑因素;同时与一些技术专家合作,了解特定技术的成熟度。从技术的角度来看,如果你能够在网上购买某项技术(无论是一次性购买还是特许订购),这类技术大多属于商品技术。而需要定制研发的技术基本都属于新兴技术。

> **范例**
>
> 鲍勃是一所大学的国际市场部负责人。他希望增加大学的国际在线课程,并且已经获得了董事会的批准,同意他采用新技术。目前鲍勃不清楚的是,最佳的商业途径是什么:是自己研发课程还是购买课程?
>
> 鲍勃与其他两位同事一起召开了一次工作会议,以便确定最佳的行动方向。他们首先意识到,目前涉及的是两种不同的技术:一种技术是向国际学生提供在线课程,另一种技术是向学生提供虚拟的学习体验。
>
> 在学习体验方面,团队认为该领域的技术已经成熟——有不少供应商为学生提供品牌或白标(非品牌)虚拟学习环境。关于学习环境是否是大学的核心竞争力,这个问题有一些争执。起初大家意见不一,但最终达成了共识,即虽然大学的实际学习环境(校园、实验室、教学设施等)是核心竞争力,但虚拟学习环境确实不是——对学生来说,虚拟学习环境还不存在。如此,虚拟学习环境怎么能成为大学教育的决定性特

征呢？因此，该团队同意对一些技术合作伙伴进行调查，正式向提供虚拟学习环境的供应商开启采购流程。

在在线课程方面，该团队认为，尽管在线学习的技术和提供方式已经相当成熟，许多教育供应商也提供模块化课程供大学选择，但学生所学的内容才是核心竞争力，这才是将他们与竞争对手区分开来的关键所在。

最后，团队一致认为，大学需要研发和维护自己的在线课程，并将其整合且同时上传到虚拟学习环境中。与依靠第三方相比，这可能需要更多的时间，甚至可能花费更多的成本，但他们可以控制自己的课程内容，利润也会更高，因为他们不需要向另一家教育供应商支付在线教材的许可费。

要点提示

- "构建"或者"购买"矩阵是推进解决方案前的最后一步。它有助于让你理解提出的解决方案如何与企业的核心产品相匹配，并帮你明确实现这一目标的最佳途径。
- 技术日新月异，不断地变化和成熟，今天的新技术很可能在短短几年内成为商品。
- 如果你要使用第三方供应商的技术，务必多花些时间对多个供应商进行严格评估，以免签订难以终止的长期合同。

本节小结

- 将新技术引入企业是一项棘手的工作。"构建"或者"购买"矩阵是企业尽职调查的重要组成部分，它可以帮助你了解是否真的需要这项技术，以及它将如何融入你的企业。

- 核心竞争力会让你的企业与众不同，在采用可能会影响企业核心竞争力的新技术时尤其要小心。
- 几乎没有绝对的"构建"或者"购买"二元决策，关键在于对二者的侧重。在构建方案中，你将依靠内部数据和技术团队牵头研发解决方案。在购买方案中，你的内部团队仍将参与其中，但你将依靠第三方在解决方案的实施和采用中发挥主导作用。

你知道吗？

企业采用新技术的失败率非常高，通常为 70%~80%，因此要慎重，不要操之过急，将新技术引入企业落地前要做好充分的准备工作。

5.4 实现变革

> **主要工具：**
> - 激励均衡模型
>
> **基本原则：**
> - 任何改革的成功推进都离不开人。如果你想让别人做出改变，就必须激励他们这样做。

什么是激励均衡模型？

你是否经常看到这样的现象呢？一些非常好的想法因为没有得到合理的落实而流产；见解深刻的报告被束之高阁，里面的建议早被抛之脑后；理论解决方案头头是道，却没有配套具体的实践指导等。

由此可见，任何解决方案都围绕改变而产生（除非你的解决方案是维持现状，也就是你可能本来就没有真正的问题）。上述所列现象都是改变管理失败的例子。

激励均衡模型（见图 5-6）并不是用来解决所有的改变管理问题，因为各类改变问题发生在不同的情况下，每一个改变针对的都是一项不同的解决方案。但是，该模型聚焦了一个有关人性的核心理念，这个理念在实施改变时却常常被人遗忘，那就是：要想做某件事（即产生改变），就必须符合我们的利益最大化。

图 5-6　激励均衡模型

激励均衡模型是如何运作的？

激励均衡模型是围绕实现改变时需要考虑的三个问题建立的。

激励机制

这里需要在正、负激励之间取得平衡。正激励措施可包括：

- 领导对新方法的认可和赞许。
- 实施新方法的回报（经济或其他回报）。
- 将企业内的晋升与拟推行的新方法挂钩。

负激励措施可包括：

- 改变失败时，遭到领导训诫。
- 利用绩效指标监测新方法的坚持情况。
- 同事压力。

需要注意的是，这些正、负激励机制的失衡会给企业文化带来不良的后果。如果激励员工做出改变的唯一方法是当员工未能遵守新标准时对其进行罚款，那么就会制造出一种基于恐惧的高度消极的文化。同样，如果唯一的激励方法是经济奖励，就很可能会形成一种高度个人主义和经济驱动的企业文化。因此在激励计划中要有一个健康的平衡。

此外，你所选择的激励方法也应坚持使用，但要少用。例如，过多的领导表扬（正激励）或训诫（负激励）会随着人们的习惯而降低其效果。同样，不一致的、随机的奖励分配也会破坏激励的本意。需要明确哪些行为会导致奖励或训诫。

能力

如果你希望某人改变工作方法，首先要确保他们有能力完成所分配的工作，否则无从谈起。以下方式可帮助企业具备适当的能力：

- 培训、指导和培养员工掌握必要的技能。
- 聘用具备所需技能和专业知识的人员。

理解

如果你不事先阐明改变是什么及其重要性，就不要指望改变的发生。要做到这一点，需要在整个企业内进行良好的沟通，具体途径包括：

- 清晰传达所要进行的改变，解释清楚：改变是什么；为什么要做出改变；如何实施改变；等。

- 由高级行政人员传达改变信息，高层背书的分量在企业中自然不言而喻。
- 向每个员工，而不仅仅是那些直接受影响的人传达改变信息。任何未经公开讨论的事情（不管是正面的还是负面的）都会成为谣言，容易造成误解。与其让企业里的小道消息、流言蜚语满天飞，不如一开始就掌控局面。

何时使用激励均衡模型？

一旦选定了最佳解决方案，就应该考虑如何有效实施该方案了。此时，你需要思考构成激励均衡模型的因素。在 OBTAIN 流程法的这一阶段，你应该对高层次的解决方案有一个相当详细的计划。例如，"为了应对暂时的利润损失，就要要求企业的销售人员在接下来两个月必须完成工资 90% 对应的工作量"。可是，你却仍然没有一个详细的计划，无法说明这个解决方案在实践中到底会怎样。

这个例子告诉我们，考虑激励均衡模型的构成因素有助于我们思考以下问题：

- 激励机制：为什么接受临时减薪更符合我的利益？如果我不接受将会怎样？
- 能力：减薪后我是否能像以前一样有效工作？
- 理解：为什么接受降薪对企业很重要？

如何使用激励均衡模型？

问题解决团队的职责是制订计划以实施解决方案。虽然相关参与人员的想法和意见也很重要，但详细计划应由负责实施解决方案的团队来制订。

在策划可以推进哪些改革时，请查阅 VCPH 工具包（详见第 1.2 节），了解需要考虑的相关背景信息。如果 VCPH 调查结果表明企业具有很强的竞争力，那就应该寻求与这种竞争力相适应的解决方案，而不是背道而驰。简而言之，任何成功的改革计划都应与现有的企业文化特质相辅相成，而不能相互冲突。

一旦想出了有哪些重要因素有助于改革的成功，问题解决团队就应立即制订实施计划。实施计划本质上是工作计划的另一个名称（如第 2.2 节所述）。实施计划应列出实施解决方案的必要行动、由谁负责行动的执行，以及完成的时间节点等。不过最重要的是要有专人来主导实施计划，主导人必须确保所有行动都能由相关方按时开展。在某些情况下，问题解决团队需要等主要决策者签署意见后才能制订实施计划。此时需要注意的是，要让相关人员明确具体的任务和截止日期。

范例

汤姆任职在波芬飞机模型公司（一家生产微型飞机模型的公司）的流程改进团队，其任务是减少生产线上有瑕疵和故障的飞机零部件数量，最近因生产差错引发的成本急剧上升。依照 OBTAIN 流程法，汤姆明确了问题的根本原因在于生产线部门对瑕疵零部件的汇报不力所致。在整个生产过程中，只有一名检查员负责瑕疵部件，而当这名检查员发现问题时，往往许多瑕疵部件都已经生产出来了。

针对该问题，汤姆的解决方案是在生产线员工中增设一个即时报错机制。他所开展的分析表明，如果生产线工人在发现生产错误时立即报告（员工访谈显示，很少有员工主动报错，因为他们认为报告错误不是他们的责任），就会减少瑕疵部件的生产数量。这是因为一旦发现错误，生产线员工就可以立即停止生产流程，而不必等待生产检验员进行巡检。

简言之，汤姆希望利用激励均衡模型来帮助他思考如何"在生产线员工中营造一种即时报错的文化，从而降低因生产差错导致的成本"。汤姆始终记得"人们在激励下方能做出改变"这一原则，他为该模型的每个要素制定了一系列行动指南，如图5-7所示。

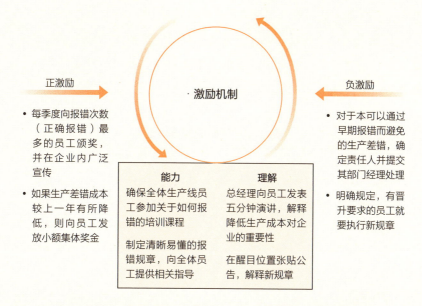

正激励

- 每季度向报错次数（正确报错）最多的员工颁奖，并在企业内广泛宣传
- 如果生产差错成本较上一年有所降低，则向员工发放小额集体奖金

激励机制

负激励

- 对于本可以通过早期报错而避免的生产差错，确定责任人并提交其部门经理处理
- 明确规定，有晋升要求的员工就要执行新规章

能力
确保全体生产线员工参加关于如何报错的培训课程

制定清晰易懂的报错规章，向全体员工提供相关指导

理解
总经理向员工发表五分钟演讲，解释降低生产成本对企业的重要性

在醒目位置张贴公告，解释新规章

图 5-7 汤姆任职公司降低生产差错方案的激励计划

在正激励方面，汤姆决定通过奖品和集体奖金的形式，在工作场所引入奖励与竞争两大元素。在负激励方面，他明确规定不遵守新报错机制的员工要对产生的后果承担责任。汤姆首先检查现有的相关信息，例如，是否有出错地点的记录，是否可以从员工的工作模式中推导，等等。另外一种负激励措施（也有积极因素）是向所有员工明确表示，如果他们想在企业中晋升到更高的职位，就必须为减少生产差错做出贡献。在能力方面，为确保员工有能力执行新规章，汤姆做了两件事。其一，全体员工都能通过简短的培训课程掌握必要的报错技能；其二，全体员工都能方便地获取报错操作指南。

在理解方面，汤姆寻求企业高层的支持（在本案中是企业总经理的支持）向员工发表关于降低生产差错新计划的简短演讲，以增加该解决方案的权威性和可信度。他还在生产线周围的海报上张贴该方案的实操指南，这样员工就不能以不清楚新规章为借口。

到此，汤姆已经准备好向波芬飞机模型公司的主要利益相关方提交建议，他决定起草一份解决方案的实施计划，在他和助手威尔之间分配好责任归属，见表5-3。

表5-3 汤姆的实施计划

任务	完成日期	负责人
准备报错机制的规章指南	1月5日	汤姆
与薪资部门讨论报错机制的集体奖励计划	1月6日	汤姆
组织报错机制的会议	1月6日	汤姆
请总经理出席会议	1月6日	威尔
向部门经理介绍报错机制的变更	1月12日	汤姆
制作规章海报	1月12日	汤姆
创建记录生产差错的数据库	1月29日	威尔
给季度报错先进员工购买奖品	1月29日	威尔
关键日期：报错机制会议	2月1日	汤姆

要点提示

- 沟通不畅是改革的大敌。沟通不畅易造成混乱，使人对改革产生怀疑，因此要尽量让相关人员都了解事态的进展。

- 正激励并不一定需要高昂的成本。只要你能创设一种企业文化，使良好的业绩得到认可、成为一种愿望。其实激励措施只是锦上添花，同行的认可才是真正的奖励。

- 制定负激励措施时要确保你能够贯彻执行。负激励是一种契约形式；如果某人不做某件事，另一件事就会发生在他身上。如果你不能说到做到，就会显得软弱无能，在员工眼中失去信誉。

本节小结

- 改革的核心在于人的意愿。如果人们觉得没有必要去做某件事，那么自然就不会去做。为了克服这一障碍，你需要想办法激励人们做出改变。
- 激励均衡模型有助于帮你在思考变革时考虑以下四个因素：
  - ◆ 正激励
  - ◆ 负激励
  - ◆ 能力
  - ◆ 理解

  要注意正、负激励的平衡，过多地使用其中一种可能会给企业带来意想不到的问题。
- 在考虑改革时，一定要结合企业的内部特点。如何定义你的企业：是雄心勃勃还是悠然自得？是追求经济效益还是具有强烈的社会良知？无论特点如何，都要确保改革计划与之相辅相成，而不是相互矛盾。

你知道吗？

匈牙利数学家乔治·波利亚（George Pólya）于 1945 年撰写了一篇解决问题方面颇负盛名的文章。波利亚以"怎样解题"（How to Solve It）为题，指出了解决数学问题的四个步骤，其对此后所有商业问题的解决方法都产生了巨大的影响。波利亚的四个步骤是：

1. 理解问题。

2. 制订计划。

3. 执行计划。

4. 回顾自己的工作，尽可能加以改进。

如果这种方法不起作用，波利亚则进一步建议道："即便你无法解决一个问题，肯定会有一个更容易解决的问题在等着你，即'找到它'。"

设想解决方案阶段清单

在 OBTAIN 流程法的这一阶段，你应该完成以下事项：

◆ 根据分析结果选择解决方案。

◆ 用假设树形图检验解决方案的有效性。

◆ 设计解决方案的实际应用原型。

◆ 与利益相关方一起测试解决方案。

◆ 为了激励人们做出改变，制订解决方案的实施计划。

第 6 章
通知利益相关方

06

通知利益相关方阶段的目标：
- 让利益相关方支持你提出的解决方案。

涵盖的工具与技术：
- 撰写报告
- 创建演示文稿

主要成果：
- 一份清晰易懂且精心撰写的报告，详细介绍 OBTAIN 流程法中设计的方法、发现、解决方案及实施计划。
- 向主要决策者提供简明扼要、基于证据的演示文稿，总结报告中的要点。

备注：报告和演示文稿是 OBTAIN 流程法的最终成果。因此，建议首先撰写报告草案，由利益相关方进行核对，然后定稿。演示文稿应基于该最终报告。

OBTAIN 流程法

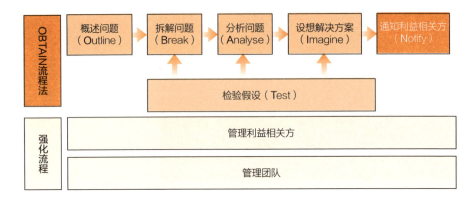

6.1 撰写有说服力的报告

> **主要工具：**
> ◆ 撰写报告
>
> **基本原则：**
> ◆ 内容再好，撰写得不好也是一份不合格的报告。

什么是有说服力的报告？

绝大多数的商业报告都缺乏新意、枯燥乏味、让人摸不着头脑。而人们似乎认为只有文学家才能行文优雅、结构合理，写出论点鲜明的精美文章（简言之，就是文学家的报告才能令人信服）。但这不能作为商务写作中普遍存在的诸如用词牵强、逻辑不清等问题的借口。在撰写有说服力的商业报告时，你需要考虑六点相互关联的要素，如图 6-1 所示。这六点要素并不复杂且大多显而易见，不过逐一讨论后你会惊讶地发现这些要素被忽视的频率极高。

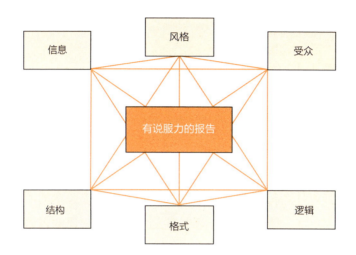

图 6-1　有说服力的报告六要素

一份报告传递一个信息

在一份有说服力的报告中，你会读到可以浓缩成一句话的关键信息，这个信息就是拟提出的最佳解决方案。这种"一份报告传递一个信息"的原则极其有效，它可以帮助别人迅速了解报告的要旨。这个关键信息最好放在醒目的位置，比如报告首页主标题的下方，或摘要的第一点（或者两个地方都出现一下）。其实，你可以把关键信息看作是微型摘要。

对此，参看以下范例：

• "本报告建议，为解决流动资金问题，应该在本财政年度结束前清算在远东的资产。"

- "本报告提出了五种方法，有助于在降低运营成本的基础上恢复盈利能力。"
- "本报告表明，我们的员工留任率远远高于行业标准，进而提出了保持这一良好势头的三种方法。"

换句话说，报告的关键信息应包含三件事：

- 问题是什么？
- 解决方案是什么？
- 如何实施解决方案？

想要理解为什么信息要如此精炼，你需要先考虑受众的感受（见下文"了解你的受众"）。遗憾的是，很少有人会完整阅读你的报告，而阅读过的人很快就会忘记其中的大部分内容。只有当你能够清晰阐述报告的内容、吸引受众的注意力时，他们才有可能记住报告，也更有可能真正理解报告（因为他们理解了报告的关键信息）。在此基础上，他们很可能也向同事推荐这份报告，因为他们知道，不会占用很长时间就能了解这份报告的关键信息。

如果你想不出如何用一句话来概括报告，就先问问自己：我希望读者从这份报告中记住的一件事是什么？

逻辑——引出你的推理

书面论证有两种方法：归纳推理或演绎推理。在商业活动中，最好采用归纳推理。如果能深入了解这两种不同形式的逻辑推理，你就会明白其中的道理。

通过以下范例，你可以看出在回答问题时演绎推理和归纳推理的区别：

"萨尔出生在哪个国家？"

演绎推理是从前面的逻辑片段中推断出结论的。比如：

逻辑命题 1：萨尔出生在国立医院 + 逻辑命题 2：国立医院在罗马 + 逻辑命题 3：罗马在意大利 = 结论：萨尔出生在意大利。

以陈述形式表达出来就是：

"萨尔出生在国立医院；因为国立医院在意大利罗马，所以萨尔一定出生在意大利。"

归纳推理的分析方式则相反：它从一个陈述开始，然后采用辅助逻辑来证明其有效性（注：这句话本身就是一个归纳句式的范例）。再回到刚才的范例中，采用归纳推理的表达方法是：

"萨尔出生在意大利。他出生在意大利罗马的国立医院。

假设树形图就是归纳推理的直观表示。在上述范例中，归纳推理的结果如图 6-2 所示。

图 6-2 归纳推理（简单范例）

如果写成报告，可能会是这样的：

- 萨尔出生于意大利。
  - 萨尔出生在国立医院。
  - 国立医院位于罗马。
  - 罗马位于意大利。

尽管演绎推理的优点在于能够清晰地为某一论述提供支持性论据，但其缺点是对读者的要求过高，其支持性论据容易受到辩驳。读者不仅必须按照每一个论据的逻辑来理解要点，还必须接受论据中的每一个逻辑命题为真，以便认同从命题中得出的结论是有效的。这种逻辑透明度必然有其优点，但要求所有读者都有时间或有意愿进行演绎推理，是不切实际的。

相反，归纳推理则简短、切题、易懂。这正是商务写作想要达成的效果：一个简单而合理的框架。同时还能满足时间紧迫的个体需求。对于只想了解关键信息的人，他可以快速找到主要论述并加以消化；对于想要核对论述的逻辑和佐证的人，他也可以迅速知道从哪里着手：就在论据的下面。

如果你想知道为什么一定要这样概述一份报告，就请回想一下假设树形图。假设树形图有一个指导逻辑的总论述，同时伴有多个支撑该指导性论述的辅助性论述。撰写报告也适用同样的原则。

了解你的受众

受众对报告的理解程度各不相同，如图 6-3 所示。需要注意的是，一份报告必须同时满足所有受众的需求。

为了使不同的受众群体都能便捷地找到报告相关内容，最好采用简单的标识和清晰的格式。

保持结构简洁

虽然书面报告没有必须遵守的写作模版，但下文提供的行文结构方法符合易懂和全面的主要标准。如本章范例所示，一份简洁的书面报告通常按以下要点书写：

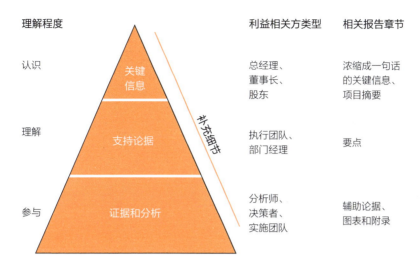

理解程度	利益相关方类型	相关报告章节
认识	总经理、董事长、股东	浓缩成一句话的关键信息、项目摘要
理解	执行团队、部门经理	要点
参与	分析师、决策者、实施团队	辅助论据、图表和附录

（金字塔图层内文字：关键信息、支持论据、证据和分析；右侧：补充细节）

图6-3　受众对报告的理解程度

- 首页有标题、作者、日期和版本（见图6-4）。
- 项目摘要包含关键信息和 SPQR 的介绍（即形势 Situation—问题 Problem— 提问 Question—决议 Resolution）（见图6-5）。
- 目录页（见图6-6）。
- 标有圆点或破折号（等列表符号）的主要建议作为佐证要点（见图6-7）。
- 从标有列表符号的佐证要点中得出的发现（见图6-8）。
- 方案实施的下一步计划（见图6-9）。
- 将分析放在附录部分（见图6-10）。

范例

大西北电信公司报告结构

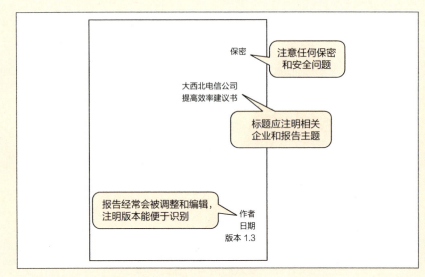

图 6-4　首页

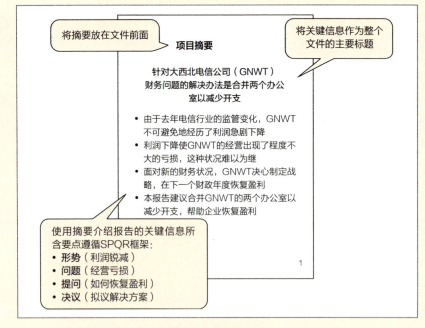

图 6-5　项目摘要

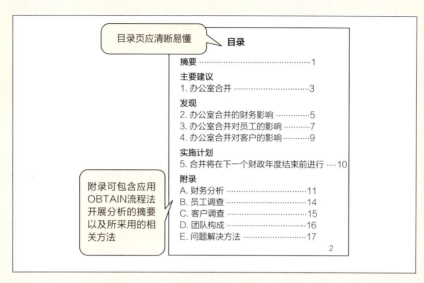

图6-6 目录页

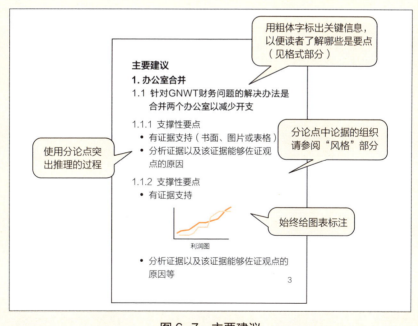

图6-7 主要建议

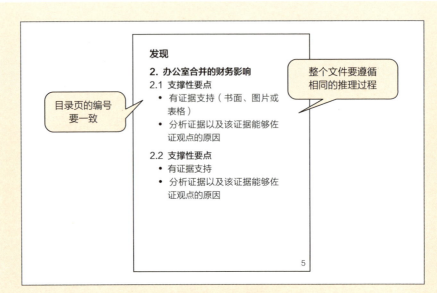

图 6-8　发现

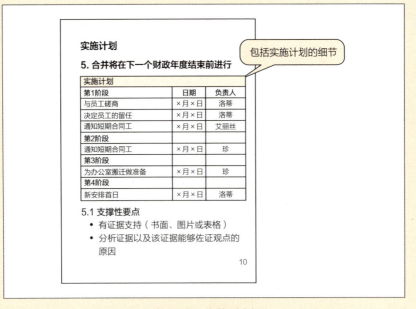

图 6-9　实施计划

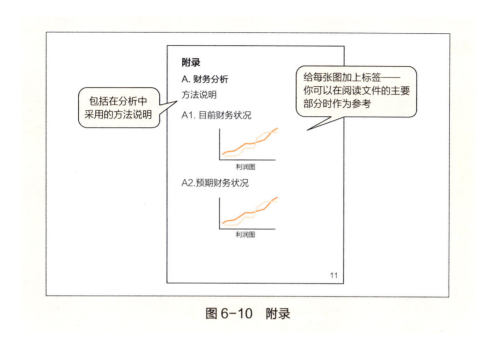

图6-10　附录

格式是一种视觉工具

将格式（字体大小、粗体、下划线、斜体等）视为帮助读者理解要点的视觉工具。就像报告的结构一样，格式也没有固定的规则（除非你的企业有自己的风格），只有一条：保持一致！

一些有用的格式范例如下：

- 为所有章节和小节编号，以便轻松查阅文件的不同部分。
- 使章节标题的字体大小大于其余文字（即正文）。
- 给要点加粗（但要慎用）。
- 使用下划线强调观点中令人意想不到的部分。

还有一点要注意：使用斜体时要小心——在某些字体中，斜体实际上会使文字更难读，而不是更易读。如果你想用斜体强调某些内容，也可以考虑使用粗体。

风格——始终以证据和分析支持你的观点

在众多关于商务写作的书籍中最容易忽视的因素是写作风格。你需要记住以下关键规则：

- 每个段落都应遵循 PPA 法，即要点（Point）—证明（Proof）—分析（Analysis）（见图 6-11 和图 6-12）。

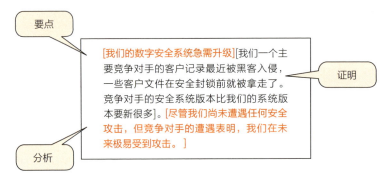

图 6-11　使用要点—证明—分析法的成段书写范例

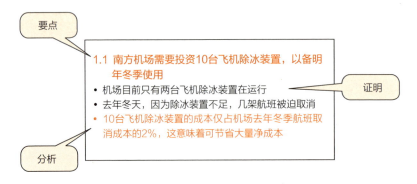

图 6-12　使用要点—证明—分析法的小节符号书写范例

- 标明你的观点。如果你有三个要点支持你的主要论点，请在文中明确说明。

- 每个段落只能有一个要点。

- 能使用较短的词语时千万不要使用长句，没有什么比过于华丽的语言更令人反感的了。

- 句子长度以 15 ~ 25 个字为宜。关键句（例如段落的第一句）不应超过 15 个字。支撑句最多可包含 25 个字。这是因为长句比短句更难记忆和消化。

PPA 法是一种简单但行之有效的方法，它可确保所写内容论点清晰、有据可依、富有洞察力。想要检验是否正确运用了该方法可以这样做：浏览段落，记下每个段落的第一句话；如果这些句子共同构成了一个连贯的论证骨架，那么就可以确信 PPA 法的运用是正确的。

何时撰写报告？

在 OBTAIN 流程法中至少应撰写两份报告：中期报告和结项报告。中期报告应包含问题解决流程初步假设的细节，让利益相关方有机会了解最新进展情况。结项报告是问题解决流程的最后成果之一，只有在确定了最佳解决方案后才可开始撰写。该报告将包含给利益相关方的最终建议，见表 6-1。

表 6-1　中期报告与结项报告的对比

报告	中期报告	结项报告
目标	咨询	告知
内容	• 目前的假设 • 已完成的分析 • 接下来的分析步骤	• 建议 • 已完成的分析 • 接下来的实施步骤
听众	所有利益相关方	所有利益相关方

结项报告是你为解决问题所付出的辛勤劳动的结晶，不应该对其创作掉以轻心。在撰写报告时，请思考你所涉及的 OBTAIN 流程法中的不同要

素，以及利益相关方希望了解的部分。其中应包括以下内容：

- 项目的基本原理——来自问题陈述。
- 分析结果——来自分析。
- 建议——来自假设树形图。
- 实施计划——来自激励均衡模型。

你可能还想在附录中加入一些内容：

- 已开展的工作——来自问题树形图。
- 主要利益相关方——来自利益相关方沟通矩阵。
- 团队成员——来自贝尔宾团队简介。

结项报告应包含你所做的最终分析和向利益相关方提出的建议。因此，最好将报告草案先行发给部分利益相关方，收集他们的想法和意见。在发布最终版本之前，对报告进行针对性修改，确保你本人对报告的内容及书写感到满意。如果报告仓促完成又不尽人意，那么你之前付出的所有汗水都将化为乌有。

谁来撰写报告？

撰写报告是一项艰巨的任务，不能只由一个人完成。明确好报告包含的不同部分后，要将撰写各部分的责任划分开来；同时，确保有一个人全面负责整合报告，在整合时至少通读一遍。一份报告中风格和语气上的差异会让读者非常反感，这种不一致易出现在多人共同参与撰写的情况中。

要点提示

- 主要信息尽量不要超过三条。人脑的短期记忆只能保留 2 ~ 7 点内容。

如果你难以缩减要点数量，请考虑一下，某些要点是否其实是其他要点的分支。例如，"我们需要降低员工成本"和"我们需要降低租金成本"这两点实际上是"我们需要降低成本"这一总信息的分支。

- 翻阅报纸、书籍或杂志，查看其文章的结构类型，你一定会看到很多PPA法的实例。

- 在无法证明其有效性时，切勿将陈述作为断言。这会削弱你的论点，还可能失去读者的信任。

- 经常检查报告的拼写和语法。不要只相信文字处理程序上的自动检查功能，它可能会遗漏一些令人尴尬的错误。

- 如果报告由多人撰写，应确保每个人有一份原始文件。而且，一些在线程序可以让多个用户共享文档。

本节小结

- 在 OBTAIN 流程法中应该有两份报告：
  - 中期报告：在首次分析之后。
  - 结项报告：向利益相关方告知最终建议。
- 一份令人信服的商业报告应结构清晰、论据充分、易于浏览。
- 构成令人信服的报告有六大要素：
  - 受众
  - 逻辑
  - 结构
  - 风格
  - 格式
  - 信息
- 一份好的报告，其关键信息可以用一句话概括。

- 商务写作应采用归纳推理，即从论点入手，用论据支撑。
- 所有段落均应遵循 PPA 格式。

你知道吗？

1604 年，罗伯特·考崔（Robert Cawdrey）出版了第一本现代字典《字母顺序单词表》（*A Table Alphabetical*）。1762 年，罗伯特·洛思（Robert Lowth）出版了《英语语法简介》（*A Short Introduction to English Grammar*），这是最早的英语语法规则读物之一，但因为这本语法书存有争议，因此，美国人诺亚·韦伯斯特（Noah Webster）于 1783 年出版了《英语语法学院》（*A Grammatical Institute of the English Language*），韦伯斯特想借这本书将"美国英语"从英国贵族的"迂腐"中解放出来。

6.2　呈现精彩的项目展示

主要工具：
- 创建演示文稿

基本原则：
- 出色的项目展示包含三个要素：内容、视觉和表达。

怎样才能呈现精彩的项目展示？

你是否有过这样的经历：在项目展示过程中不停地看表，默默乞求着早点结束；当主持人讲一个没人觉得好笑的"笑话"时，你会局促不安；在听项目展示的同时费力读着幻灯片上的文字……诸如此类的问题在项目展示中司空见惯，但其实大可不必如此慌张，因为只要思路清晰、秉持"少即是多"的理念、与观众产生共鸣，就能呈现出精彩的展示效果。

简言之，项目展示就是向观众传递信息。观众的体验由内容、视觉和表达三个因素决定，如图 6-13 所示。社会学家认为大约 80% 的交流是非语言的，但人们常常忽略这一点，也就是说，我们在演讲中看到的往往比听到的更重要。

这三个要素中的每一个都需要事先精心策划，这样才能确保项目展示能让人记得住、富有启发性且清晰明了。

图 6-13　项目展示三要素

视觉

通常情况下，商业中的项目展示需要借助幻灯片来帮助观众理解要点。多数人在展示中常常把视觉元素搞错，他们在幻灯片中塞满了事实和信息，观众几乎无法阅读，更不要说边听边读了。因此要记住这一要点：幻灯片是项目展示的辅助，而不是主导。以下是制作幻灯片时的提示：

- 幻灯片不是一份独立报告。你已经写好了报告（详见第 6.1 节），所以不要试图在幻灯片中塞满解决问题过程中涉及的全部细节。

- 要将幻灯片用作观众指南。幻灯片可以帮助观众跟上你的展示进度，此时可以借助内容跟踪器（参见下文"为项目展示创作故事"）。

- 让每张幻灯片只包含一条信息。用幻灯片的"标题"部分描述该信息（不超过 15 个字）。如果运用得当，项目展示中的所有标题合在一起就能构成一份凝练的内容提要。

- 若使用图表，就要确保图表清晰明了，要让人轻松理解图表要传达的信息（参见下文"简洁的幻灯片才是好的幻灯片"）。放在幻灯片上的任何图表都不要让观众自己去解读，而要明确告知大家图表的含义。

- 慎用色彩。很多人都不喜欢五颜六色且过于花哨的展示文稿。

- 保持字体、字号、风格的统一。一份展示文稿的风格应该前后一致：幻灯片标题、正文和任何图表标签的大小都要保持一致。同时记住，字体大小必须清晰易读！

- 记住 6×6 规则：
  - 每张幻灯片上的文字不超过 6 行。
  - 每行不超过 6 个字。

为项目展示创作故事

幻灯片是项目展示的骨架。在提笔书写口头概要之前，最好先制作幻灯片。做幻灯片就像写书面报告一样，要先考虑"我希望别人从这次项目展示中获得的关键信息是什么"（关于撰写书面报告，详见第 6.1 节）。书面报告中使用的归纳推理方法同样适用于展示文稿。因此，幻灯片也要以主要建议为开头，然后借助逻辑来支撑（就像假设树形图一样），最后在结论中重申建议，如图 6-14 所示。

制作幻灯片通常比较烦琐，尤其是演示文稿很长、有几十张幻灯片时。一个简便方法是先在一张白纸上画出每张幻灯片的草图，这样就相当于有

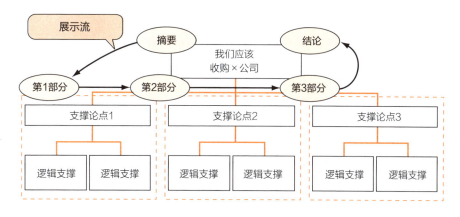

图 6-14　由假设树形图衍生的项目展示文稿结构

了一个清晰的工作计划。这被称为"制作故事板"法，范例如图 6-15 所示。

简洁的幻灯片才是好的幻灯片

在商业领域，你可能听过这样的轶事：幻灯片上的文字比《战争与和平》等长篇小说还多，颜色比万花筒还杂。尽管这类幻灯片确实让人难忘，也算是给制作者一点安慰，但这种做法却大错特错。好的项目展示幻灯片应该简洁易懂，通常具备以下三个特性：

- 仅包含一条信息。
- 有强烈的视觉冲击。
- 分析精湛独特。

让我们来看一个模范幻灯片示例，分析一下它的优点，如图 6-16 所示。

图 6-16 十分简洁，只有在强调某些信息的时候才会使用色彩，每个标题概括一条信息。即便没有配以图表，观众也能理解其中的要点。而且，幻灯片中的内容分析都有论据支撑。没有花哨的图形，文字也浓缩到最少。

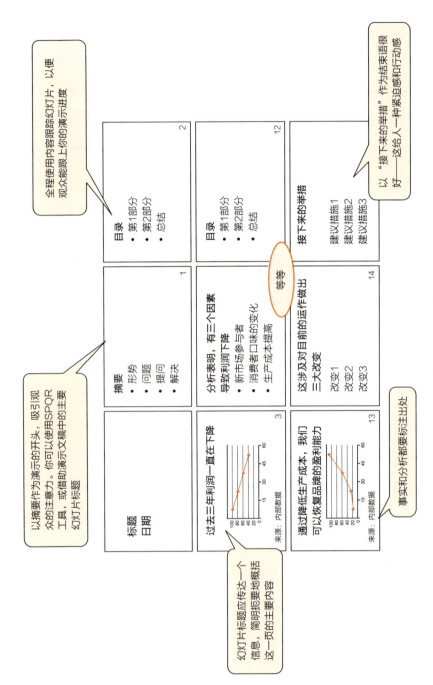

图 6-15 "制作故事板" 法范例

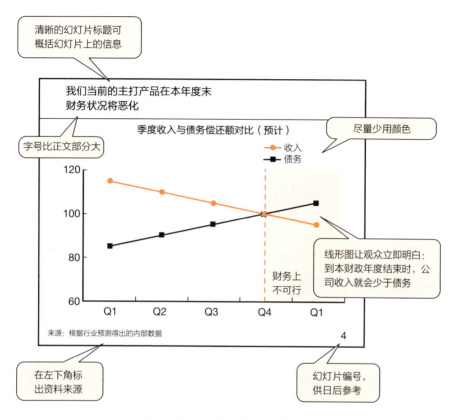

图 6-16　一张好的幻灯片示例

　　其实，所有幻灯片都应具备上述特点，即清晰、切题且只突出一条信息。

内容

　　与撰写报告一样，项目展示文稿也没有硬性规定。以下是准备演示文稿时需要注意的技巧：

- **让你的论点有据可依。**不言而喻，你的所有观点都应该有事实来支撑，一定要明确告诉观众这些证据是什么。如果只是一味陈述而不提供证据支持，观众就会质疑你的论点。即使你能回答出他们提出的所有问题，观点受到质疑也会影响你的展示效果。

- **少即是多**。不要把你知道的一切都试图塞进演示文稿中，回想一下金字塔形图（参见前述"了解你的受众"）；演示文稿只需涵盖金字塔最上面的两部分即可。这意味着你仅需列出关键信息和支撑要点。如果有人想进一步了解 OBTAIN 流程法中所做的相关详细分析，他们大可以在你的报告中找到答案。没有什么比演示者告诉观众"你无须阅读这张幻灯片"更让人恼火的了，如果真是这样，为什么还要让这张幻灯片出现在演示文稿中呢？

- **了解受众**。受众对演示主题的专业知识了解程度如何？如果受众的专业水平参差不齐，这就比较棘手；不过根据经验，可以将演示内容提前告知受众中信息最不灵通的利益相关方。2×2 优先矩阵（详见第 2.2 节）有助于确定这个群体。比如，以"了解程度"和"利益相关方的重要性"作为坐标轴，如此就可以确保重要的利益相关方不会不清楚此次项目展示的要点。

- **选好你的立场**。在使用"我""你"或"我们"时，想清楚要如何表述问题。通常在介绍解决方案时，你希望营造一种团结一致、共同奋斗的氛围，此时一定要在整个演示过程中使用"我们"。因为如果你对观众说"'你们'需要……"，就会给人一种你置身事外的感觉，会让观众非常反感。

- **方便观众**。用幻灯片提醒观众你在演示中说到哪里了。想想自己听演示的经历，哪些对你有难度？哪些又对你有帮助？将自己的经历融入演示之中。

- **标示出要点**。关键在于重复，你越是强调自己的要点，观众就越有可能记得住。可以参照以下做法：

  - 告诉观众你将要告诉他们什么（借助摘要实现这一点）。

- 正式告诉观众（这是你的要点）。
  - 告诉观众你刚才告诉了他们什么（在结论中重复）。
- 准备一份笔记，但绝不能照本宣科。照本宣科会让自己有安全感，但无论这有多么诱人，都不要做，因为会让观众感到无聊至极。照本宣科确实能涵盖所有的要点、不会遗漏，但你却因此失去了与观众的联系和互动（参见下文"演讲"部分）。笔记可以尽可能详尽，但不要写完整的句子。

演讲

每个人在演讲前都会紧张。即使是最了不起的公众演说家，也会和普通人有一样的恐惧：如果我出丑了怎么办？我说话时看起来很傻吗？如果我忘词了怎么办？这些都是演讲前自然会产生的常见情绪，无论怎样准备都无法消失。不过，良好的计划即使不能完全消除这些恐惧，也能使之大大减少。

在详细介绍关于演讲的建议之前，让我们先反思一下关于演讲的一个略带嘲讽（但却很有帮助）的事实，它应该能减轻你的一些恐惧，那就是：大多数商业演讲都很糟糕。虽然从内容上讲，商业演示通常都还不错，但其表达方式往往非常沉闷、不清晰且缺乏启发性。回想一下你自己的经历，你还能回忆起任何让自己记忆深刻的精彩演讲吗？恐怕没有。或许你的单位请来了一位特邀励志演讲者，或许他们的演讲是个特例，又或许那个演讲也很无聊。好的演讲其实门槛并不高，并不是说你不应该担心演讲，而是说你不应该给自己施加压力，要求自己的演讲闪耀着机智和娱乐并重的光芒。世界上只有极少数人能做到这一点。换句话说，你应该呈现的是清晰、有见地、能让人记得住的演讲。如果能做到这一点，你的演讲就已经比 99% 的商业演讲都要出色了。

要记住，传递信息的方式会影响信息的接收效果。如果你在表达时犹豫不决，观众很可能会认为你的论点缺乏说服力。如果你看起来没有与观众进行眼神交流，那么他们会认为你在信息中有所隐瞒。

同时也要知道，没有完美的演讲风格。每个人都需要找到一种让自己感觉舒适并适合自己的风格。以下是有助于出色演讲的四个要素：语言、声音、肢体动作以及与观众的互动。

语言

- **切忌用长句。** 能用短句表达的就不要用长句，长词会分散观众的注意力。你传递的信息应该犀利、精练、令人难忘。

- **尽量避免使用行话。** 如果需要使用一些行话，一定要在第一次使用时解释其含义。

- **为观众着想。** 如果你的演讲对象是外国观众，应避免使用他们不太可能理解的词语或白话。

- **避免犹豫不决的表述和口头禅。** 演讲中如果充斥着"就像""你知道""也许"等表述上的不确定和不自信会让观众大为光火。这些词确实很难从我们的字典中清除，我们也经常不自觉地说出这些词，以填补边说边想时的空隙。对此，最好提前录制自己的演讲内容，留意自己的口头禅。然后把这些口头禅去掉，再试一次。否则，犹豫不决的表述和口头禅会让我们听起来对自己的论点不自信。

- **别害怕沉默。** 演讲者通常会觉得每一次沉默都必须被填满。实际上，沉默（当然不是连续几分钟的沉默）可以给观众以时间消化你的论点。因此，要确保在你传达关键信息后留有短暂的沉默时间。

声音

- **投射声音。** 观众席后排的人必须能够听清楚你在说什么。如果你不确定，请在演讲开始时询问大家是否能听到你的声音。即使你觉得大声说话不舒服，也必须提高音量。

- **变化音高音调。**在准备演讲时，考虑什么时候应该变化一下音高音调，以配合演讲内容。试着将演讲的部分内容与不同的语调联系起来。例如，在问句的末尾，你的声音应该提高。同时也要观察观众的反应，并相应地改变你的音调。如果你注意到有些人看起来心不在焉，那么就提高音量，朝他们的方向投射出你在试图吸引他们。

- **改变发言速度。**较好的平均语速为每分钟 150 字左右（如果观众的母语不是你所讲的语言，则语速应慢一些）。不过，你要确保在演讲中适时加快或放慢语速。如果你要传达一个关键信息，在此之前请停顿片刻。

- **吐字清晰。**清楚地说出每一个音节。如果说话不清楚，你就会给人留下演讲者头脑不清晰的印象，从而影响演讲内容。倘若吐字认真让你感觉不自然，无须担心，因为演讲本身就不是一件自然而然的事情。

肢体动作

- **站立。**如果你坐着演讲，就会传递出一系列错误信号：你很紧张、你想躲在观众中、你不自信等。站在观众席前演讲，这一简单的举动就会产生巨大的不同：它表明你是来倾听和尊重观众的。站立时，双脚要稳稳地站在地面上，姿势要端正。避免摇摆、倾斜：这些都会让你（以及你的论点）看起来不稳当。但有一点要提醒：站立时，一定不要挡住正在演示的幻灯片。

- **不要在房间里四处走动。**你的观众不是陪审团，你也不是美剧中高高在上的律师。在演讲中走来走去，不仅会彻底分散观众的注意力，还会改变你面对房间不同方向时的声音走向，妨碍观众的聆听。

- **确保能与每一位观众进行眼神交流。**你不需要时时刻刻都进行眼神交流（事实上，这也会让人感到不舒服），但你需要在整个演讲过程中注视观众。演讲时的眼神要有变化，如果一直盯着某个特定群体看，就会让他们和其他人都感到不舒服。有一个小窍门可以帮助你进行有效的眼神交流，演讲前可以稍作准备、设计一下眼神的位置：看你的笔记、看后排观众；再看你的笔记、看左边的观众；等等。

- **用手势表达要点。** 多数演讲者常常陷入两个极端：或者完全不使用双手，或者每时每刻都在挥舞手臂。正确的方法是，当你在演讲中使用双手时，要确保只在强调或阐明某一点时才用。如果你要告诉观众你有三个要点，那么就用三个手指引导他们理解每一个要点。如果你在幻灯片上展示的图表强调了一个上升趋势，那么你可以指着图表，用手模仿向上的趋势。

与观众的互动

- **想好你希望如何与观众互动。** 是想在演讲过程中还是在演讲结束时？在大多数情况下，建议在演讲结束时再接受提问，并在演讲开始时向观众明确这一点。如果你选择这样互动，那么在制作演示文稿时就要尽量先发制人，在演讲中提前回答观众可能会问到的明显问题。因为如果观众急于提问并想知道你的回答，那么就不可能全神贯注地听你演讲。

补充

在准备演讲时，首先想一想你参加过的好的或不好的演讲。它们为什么会这样，有没有什么经验教训可以借鉴？其次，试着录下自己的演讲练习，然后回放给自己听。这是一种快速简便的方法，无须询问别人就能先了解自己在演讲方面的优缺点。随着自信心的增强，你可以请朋友或同事观看你的演讲，问问他们的感受。比如，演讲内容是否清晰，他们感到无聊还是兴奋，演讲内容和幻灯片是否一致等，根据这些反馈意见再进一步调整自己的演讲方式。

什么时候进行项目展示？

项目展示可以出现在问题解决过程中的任何阶段。其目的是让利益相关者了解最新的进展情况。最佳做法是在 OBTAIN 流程法中至少包含三次展示：

（1）概述问题确定之后。

（2）第一轮分析之后。

（3）准备好将解决方案告知所有利益相关方时。

每次项目展示都会包含更多的细节和对目前问题更加明确的解决方案。结项展示（在通知阶段）见表 6-2。

表6-2　OBTAIN 流程法中的三次项目展示

时间段	初期	中期	末期
目标	咨询	咨询	告知
内容	• 问题是什么 • 谁是利益相关方 • 下一步的分析工作	• 目前的假设 • 已完成的分析 • 下一步的分析工作	• 建议 • 已完成的分析 • 下一步的实施工作
受众（建议）	仅限主要决策者	所有利益相关方的代表	所有利益相关方的代表

怎样进行项目展示？

项目展示既包括制作演示文稿，也包括演讲。制作演示文稿的工作可以由解决问题的团队共同分担。因此，你可以把演示文稿先行划分，把每一部分都交给与之最熟悉的人员。如果演示文稿的第一部分是关于员工访谈的结果，第二部分是财务预测，那么最好请负责员工访谈或财务建模的团队成员制作他们参与的那部分的演示文稿。换言之，请小组成员撰写他们各自负责的部分。

项目展示的讲解环节是否由多人承担，对这一问题看法不一。一般来说，由一名以上的演讲者进行讲解是欠妥的，讲解人应该是问题解决团队的负责人，此人最终要对问题解决过程的成果负责，因此，最好由他准备向利益相关方提供相应成果。

本节小结

- OBTAIN 流程法中，应向利益相关方做三次项目展示：
  - 概述问题确定之后。
  - 第一轮分析之后。
  - 准备好将解决方案告知所有利益相关方时。
- 好的项目展示包含三个要素，每个要素都要事前精心策划：
  - 内容（说什么）
  - 视觉（展示什么）
  - 表达（如何呈现）
- 好的项目展示对受众来说要简单易懂、论据充分、信息凝练且有见地。
- 多数商业演讲都不合格。演讲的目标是条理清晰、论据充分，而不是搞笑和娱乐。把简单的事情做好，方能呈现出理想的展示效果。

你知道吗？

演示文稿软件 PowerPoint 是由罗伯特·加斯金（Robert Gaskins）和丹尼斯·奥斯丁（Dennis Austin）于 1984 年首次研发的。据微软公司估计，全球每天用 PowerPoint 制作 3000 万份商业演示文稿，PowerPoint 在全球拥有 5 亿用户。但该软件也并非没有受人诟病，其中首当其冲的是图形设计师爱德华·塔夫特（Edward Tufte），他在 2006 年撰文抨击 PowerPoint，称其"将格式凌驾于内容之上，背离了一切皆为推销的商业主义态度"。2007年，罗伯特·加斯金予以回应，对《华尔街日报》说："塔夫特所言的大部分都是对的，人们其实并不善于使用 PowerPoint……他们用其写出的演示文稿只有摘要，没有细节"。可见，在使用 PowerPoint 时要谨慎，要了解软件的局限性。

通知利益相关阶段清单

你已抵达 OBTAIN 流程法的终点。此时，你应该已经：

◆ 向少数利益相关方发送报告草案，征求意见。

◆ 修订草案并向利益相关方提交结项报告。

◆ 向主要利益相关方做最后一次项目展示，总结报告内容。

◆ 策划解决方案的实施。

第 7 章
管理利益相关方

07

管理利益相关方阶段的目标：

- ◆ 让利益相关方参与进来。

涵盖的工具与技术：

- ◆ 与利益相关方沟通
- ◆ 赢得信任
- ◆ 工作与生活满意度评估

主要成果：

- ◆ 清楚地知道谁是利益相关方，他们与你要解决的问题有什么联系，制订沟通计划。
- ◆ 增强与利益相关方的信任度。
- ◆ 提高工作与生活的满意度。

OBTAIN 流程法

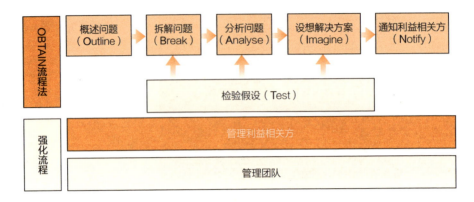

7.1　了解谁是利益相关方以及如何与之沟通

主要工具：
◆ 与利益相关方沟通

基本原则：
◆ 在与利益相关方沟通之前，先要了解他们。

什么是与利益相关方沟通？

若想成功解决问题就要与利益相关方进行良好的沟通。无论你的解决方案多么明智、多么富有想象力，如果在整个 OBTAIN 流程法中没有让利益相关方参与进来，那么所做的一切就是徒劳的。与利益相关方沟通不畅恐导致：

• 无法实施解决方案，因为利益相关方缺乏主人翁意识。

- 对分析产生误解，在未做前期背景调查的情况下，向利益相关方呈现了问题解决过程中的发现。
- 利益相关方担心问题解决团队没有开展任何工作。
- 利益相关方担心问题解决团队对其隐瞒所做事项。

与利益相关方有效沟通分为三个步骤，如图 7-1 所示。

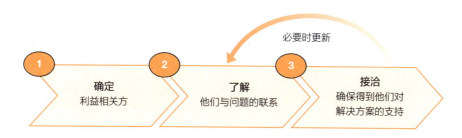

图 7-1　与利益相关方沟通流程

利益相关方沟通流程如何进行？

利益相关方沟通流程分为三个步骤，包括：尽早确定该问题的利益相关方，了解利益相关方与问题的联系，以及接洽利益相关方。

（1）确定利益相关方

在起草问题陈述（详见第 1.1 节）时，要求你指出谁是问题的"主要决策者"。这样做的目的是为了确定对成功实施解决方案负有最终责任的少数人。当然，更多其他的"利益相关方"（即与成功解决问题相关的人）也不应被忽视，因为他们在 OBTAIN 流程法中也可以发挥重要作用。

与你所在的问题解决团队共同留出时间，列出与该问题有关的所有利益相关方。PESTEL 分析法（详见第 9 章）可帮助你确定与问题有关的不同利益相关方群体。例如，涉及"环境"类利益相关方时，如果你的问题是

"我们公司是否应该将产品多样化，进军有机食品的市场"，那么这些"环境"类利益相关方就是你们公司多元化有机食品经营的既得利益者，因此不妨在 OBTAIN 流程法中咨询他们。需要注意的是，列出所有利益相关方的名单后要进行归类分组，这将有助于简化沟通计划。

（2）了解利益相关方与问题的联系

将利益相关方归类分组后，可以借助 2×2 优先矩阵（更多信息详见第 2.2 节）了解他们与问题的联系。图 7-2 列出了一个可供参阅的矩阵。

你需要对图 7-2 中的四类利益相关方分别进行不同的管理。最终的目的是让大多数利益相关方成为你的拥护者或朋友。你无法轻易改变利益相关方在企业中的影响力（或对拟解决问题的影响力），因此重心要放在争取利益相关方对你工作的支持上，这一点是可以改变的。通过了解利益相关方对问题解决工作的支持程度，以及他们在解决问题过程中的影响力，你就可以为与他们的接洽制订最佳计划。

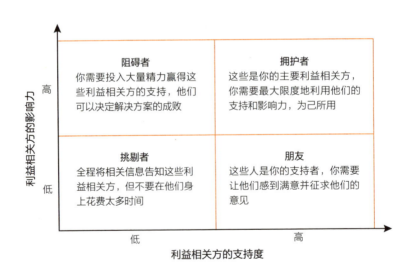

图 7-2　利益相关方关系矩阵

（3）接洽利益相关方，确保得到他们对解决方案的支持

你与利益相关方的关系是一个双向过程，双方是互通有无、有来有往的。表7-1列出了你与各种利益相关方的关系类型。

表7-1　利益相关方的类型

利益相关方类型	期望达到的接触效果	他们需要你做什么	你需要他们做什么
拥护者	保持拥护者关系	• 定期、有计划地汇报进度 • 随时了解所有关键问题，适当时积极征求意见	• 言谈中对你的工作给予支持（通过与同事的非正式交谈） • 支持你提出的解决方案（书面认可你的结项报告）
朋友	保持朋友关系	• 定期、有计划地汇报进度 • 随时了解关键问题	• 言谈中对你的工作给予支持（通过与同事的非正式交谈）
阻碍者	成为拥护者	• 频繁地汇报你的进度 • 定期就关键问题进行磋商	• 参与你的工作，建设性地提出想法和顾虑，即便不支持你的发现
挑剔者	成为朋友	• 了解主要进展 • 主动要求就关键问题进行磋商	• 参与你的工作，在被问及时能提出建设性想法、说出顾虑

一旦确定了利益相关方在矩阵中的位置，你就应该利用这些信息制订沟通计划。该计划应详细说明谁是利益相关方、他们与问题的联系、你需要与他们沟通的频率，以及应该采用何种沟通方式。

常见的沟通方式包括电子邮件通知、书面报告、项目展示或口头汇报。具体选择哪种方式，应取决于利益相关方的重要程度、他们可能偏好的方式、沟通的频率以及沟通的详细程度等。如果利益相关方有可能成为阻碍你推进工作的障碍，那么试图说服他们时要尤为小心。在过度沟通和沟通不足（两者之一都可能惹恼他们）之间，尽量保持平衡。但要记住，如果你不与利益相关方中的"阻碍者"进行沟通（哪怕是间接沟通），而是让与其关系更好的人帮忙沟通，那么这部分利益相关方就可能永远是你的阻碍。

建议你主动询问利益相关方，看他们倾向怎样的沟通方式。表 7-2 是一个利益相关方沟通计划的范例，用于说明如何在企业中推行新的财务报告机制。

在表 7-2 的范例中，财务部负责人是利益相关方中的"阻碍者"，因此，问题解决团队应与这类利益相关方进行最频繁、最详细的沟通。

表 7-2　利益相关方沟通计划范例

利益相关方分组	与你的关系	沟通方式	沟通频率	最近一次沟通日期	下一次沟通日期
总经理	拥护者	演讲	两周一次	3 月 1 日	3 月 15 日
执行委员会	拥护者	演讲	两周一次	3 月 1 日	3 月 15 日
财务部负责人	阻碍者	演讲及报告	每周一次	3 月 8 日	3 月 15 日
全体员工	朋友	演讲	两周一次	3 月 8 日	3 月 22 日
其他业务部门负责人	抱怨者	口头更新	每月一次	3 月 1 日	3 月 29 日

何时使用利益相关方沟通流程？

确定利益相关方是 OBTAIN 流程法的第一步，应在创建问题陈述和 VCPH 工具包的同时予以完成。尽早充分了解谁是利益相关方，会让你在解决问题的过程中处于有利地位。

要知道的是，与利益相关方的关系可能会在 OBTAIN 流程法中发生变化。沟通计划做得好，会提高利益相关方对你工作的支持度。当然，有时候其他因素可能也会导致相反的结果。在解决问题的过程中，你应该多次采用利益相关方关系矩阵进行分析，最迟应在向利益相关方发送中期报告和演示文稿时，也可适时提前进行。如果你发现与利益相关方的关系发生了变化，则应相应调整沟通计划。如果某个利益相关方从阻碍者变成了拥护者，那么就可以适当减少与他们的沟通时间。

谁应参与利益相关方沟通？

这里包含两个问题：一是决定谁是利益相关方以及如何与其沟通；二是实际开展沟通。第一点"决定谁是利益相关方以及如何与其沟通"应该由解决问题的团队共同完成。团队可以采取非正式头脑风暴会议的形式。第二点"实际开展沟通"相对复杂一些。经验表明，问题解决团队中资历较深的成员应该与影响力较大的利益相关方沟通，问题解决团队的所有成员都可以与影响力较小的利益相关方沟通。不过，这里要注意，如果你正试图赢得持怀疑态度的利益相关方的支持，那么就要考虑这些利益相关方对你的团队成员的看法和态度。如果你团队中的某位成员在利益相关方中的"阻碍者"心目中地位极高，那么不妨尝试利用这种关系来赢得该阻碍者的支持。反之，如果某个利益相关方出于某种原因与你的团队中的某个成员关系不洽，那么不宜让这个成员出面去争取那些利益相关方的支持。

范例

安伯负责监督某地区铁路运营商卡特铁路公司（Carter Railways，CR）的员工队伍重建计划，项目为期一年。该计划可能会涉及与工人、工会的大量磋商，预计许多工人将面临被裁员。为了让利益相关方之间本已紧张的关系不至于恶化，安伯意识到此时良好的沟通至关重要。因此在项目一开始，她就遵循了与利益相关方的沟通流程。

首先，她召集团队成员，组织他们对员工队伍重建计划中涉及的利益相关方展开头脑风暴。她将能想到的所有利益相关方列在一份清单里，然后将其分成若干小组，如图 7-3 所示。

其次，在对利益相关方进行归类分组后，安伯及其团队将不同类型的利益相关方标识在利益相关方的关系矩阵中，如图 7-4 所示。

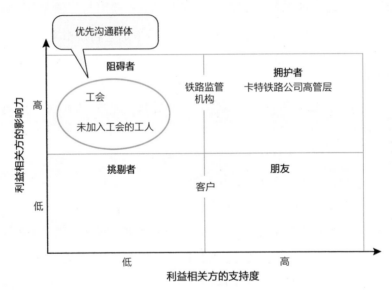

利益相关方
首席执行官
管理团队
铁路使用者（客户）
未加入工会的工人
业务发展部负责人
人力资源部负责人
财务部负责人
临时工（非工会会员）
铁路升级改造工会
铁路监管机构

利益相关方（分组后）
高管层
客户
未加入工会的工人
工会
铁路监管机构

图 7-3　卡特铁路公司员工队伍重建计划的利益相关方名单

图 7-4　安伯的利益相关方关系矩阵

该团队发现，客户对项目结果的影响程度相对较低，对项目结果的态度比较模糊。只有当客户感觉服务受到负面影响时，他们才会关注

（这在日后可能会是一个问题）。同样，该团队认为，除非铁路服务受到负面影响，否则铁路监管机构基本不会关注员工队伍重建的结果。如果监管机构真的对此表示关注，并拒绝批准重建计划，那么这就会是安伯团队工作中的一个大障碍，因此铁路监管机构对项目的影响程度评分很高。而卡特铁路公司的高管层（包括人力资源部、财务部、业务发展部的各位负责人和首席执行官）则被认定为"拥护者"。这是基于安伯与这些人的谈话（当时她还询问了他们希望多长时间了解一次进展情况），以及重建计划得到了总经理亲自批准这一事实所判断的。同时，该团队将工会内部和外部的工人确定为该项目的"阻碍者"；工人们已经明确表示不赞成该计划，认为这很有可能引发裁员。因此，安伯团队必须努力争取这部分人的支持，或至少改善与他们的关系，从而将行业行动或对铁路服务的任何干扰降至最低。

最后，根据利益相关方关系矩阵，该团队起草了一份与利益相关方沟通的计划，见表7-3。

表7-3 员工队伍重建沟通计划

利益相关方分组	关系	沟通方式	沟通频率	最近一次沟通日期	下一次沟通日期	负责人
工会	阻碍者	项目展示与报告	每月一次	9月1日	9月29日	首席执行官
非工会员工	阻碍者	项目展示与报告	每月一次	9月1日	9月29日	首席执行官
高管层	拥护者	项目展示	每月一次	8月14日	9月11日	安伯
铁路监管机构	阻碍者 / 拥护者	报告	每季度一次	8月2日	11月3日	安伯及团队
客户	挑剔者 / 朋友	新闻稿	每季度一次	8月2日	11月3日	安伯及团队

明确了"阻碍者"之后，团队决定由企业中级别最高的人物"首席执行官"出面与这部分利益相关方进行沟通，并且要频繁沟通。如此，这就需要该团队经常向卡特铁路公司的高管层汇报新进展，而且必须在每次首席执行官与工人沟通之前去汇报（以确保有充足的准备时间）。铁路监管机构可以每季度汇报一次，由安伯及其团队成员撰写一份书面报告，但随着项目的进展，沟通次数可能需要增加。此外，团队决定每季度向当地媒体发送新闻稿，并将新闻稿上传到铁路运营商的网站上，以此向客户提供最新信息。团队目前对沟通计划感到满意，约定在三个月后再对计划进一步修订。

要点提示

- 判断利益相关方对问题的影响度时要尽量谨慎。这类分析应该是保密的，不能在问题解决团队以外进行，如果利益相关方发现你认为他在企业中没有什么影响力时，局面会非常尴尬。

- 努力找出团队成员与难缠的利益相关方之间有任何潜在的有利关系，将其转化为你的优势。

- 过度交流总比交流不足强。不过，不要为了汇报而汇报，向利益相关方汇报的内容应是他们感兴趣的。

- 与利益相关方沟通时一定要诚实。隐瞒不报或误导利益相关方会破坏你在他们心目中的信誉。

- 请记住，如果利益相关方不能承诺实施你的解决方案，那么你的一切工作都将白费。

本节小结

- 与利益相关方进行良好的沟通需要三个步骤：

（1）确定利益相关方。

（2）了解他们与问题的联系。

（3）让利益相关方参与进来。

- 在 OBTAIN 流程法的初始阶段就要了解利益相关方并让他们参与进来，让利益相关方从项目初始就参与进来要比中途参与容易得多。

- 按照利益相关方与拟解决问题的联系将他们分组，分别是朋友、拥护者、阻碍者、挑剔者。

- 询问利益相关方希望如何与其沟通以及沟通频率。在制订利益相关方沟通计划时参考这些信息。

- 随着问题解决过程的进展，相应修改你的沟通计划。关系经常会发生变化，计划要随着变化调整。

你知道吗？

利益相关方一词起源于一个与金钱赌博相关的法律概念。双方就某一事件的结果下注，并要求第三方"持有"赌注，直到结果确定。然后，第三方会将赌注交给赌局的赢家。

7.2 有信任，世界才能运转

主要技术：

◆ 赢得信任

基本原则：

◆ 信任是双方之间的一种契约形式。

什么是信任?

为什么有些工作只交给某个人而不是其他人做?为什么有些人会让我们充满信心,而另一些人却让我们忧心忡忡?为什么我们觉得有些人可以依靠,而另一些人则完全不行?所有这些问题都可以归结为一点,那就是信任。

信任是复杂的,但其核心有两点。首先,信任是两个主体(这里使用"主体"一词是因为它包括个人、群体或组织)之间的一种"信托契约"。一个主体(委托人)委托另一个主体(受托人)执行某项请求。委托人此时处于弱势:它依赖于受托人完成请求。如果受托人完成了请求,那么委托人就会比以前更加信任受托人;如果受托人未能完成请求,则可能出现相反的情况。信任就是在这种契约过程中建立或丧失的。图7-5概述了这一过程。

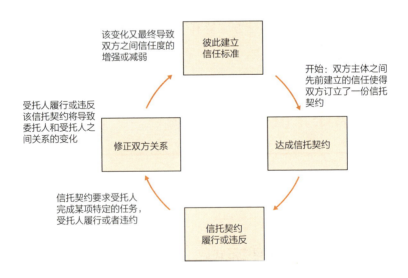

图 7-5　信托契约

其次，信任是一个主体对另一个主体履行"信托契约"能力的一种感觉。当我们说"我信任这个人"时，就是在把这种感觉表现出来。这种感觉基于我们对相关主体的认知，可以分为三个要素，如图 7-6 所示。由这三个要素可知我们是否信任其他主体：

- **诚信**：他们是否会履行与我签订的契约，并以我的最佳利益为重？
- **能力**：他们是否有能力高标准地完成契约？
- **可靠**：他们能否及时完成契约？

信任源于我们的以下感知：

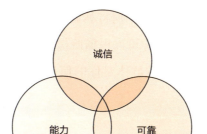

图 7-6　信任的三大要素

信任源于感知，这一点很重要。感知既可以是一手的，也可以是二手的。这意味着别人可以根据过去与你相处的经历或从别人那里听说你的事情（或两者兼而有之）来判断你是否拥有诚信。这就是为什么即使你不直接与你希望改变其感知的人打交道，也要始终高度遵循信任三要素行事。

我们如何建立信任？

要想在商界出人头地，就必须取得信任。只有当别人信任你，而你也因此做成某事时，他们才可能将决定你事业成败的大项目交给你。也只有当别人信任你能在更大的舞台上表现出色时，你渴望已久的晋升才会到来。不过，仅仅靠出色完成一次任务并不能为你赢得信任。虽然它肯定能让人们更加认可你的能力，而你需要自始至终以诚信可靠的方式行事。

信任可以在各种环境中获得，而不仅仅局限于工作场合。不过，在这里我们将重点讨论你（无论是个人还是作为解决问题的团队）如何通过OBTAIN流程法来赢得工作伙伴的信任。要做到这一点，你必须遵循一个三步流程。

1. 了解利益相关方对你的信任程度

在第2.2节中，我们介绍了如何将利益相关方与当前问题的关系绘制成一个2×2优先矩阵。然后，你可以根据诚信、能力和可靠这三要素，快速分析每个已确定的利益相关方群体对你的信任程度。图7-7显示了如何进行评分。

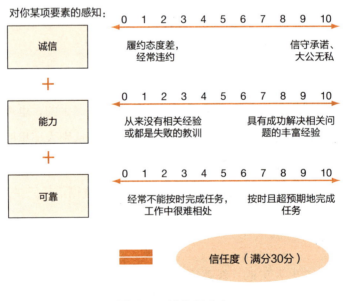

图 7-7　诚信记分卡

要知道，利益相关方对你的感知既基于他们与你合作的个人体验，也基于他们从其他渠道听到的关于你的任何消息。这些感知可能很难判断，你可以请一位友善的同事帮助你判断。

2. 认识到你与利益相关方之间的信托契约

针对每个利益相关方群体，了解他们在问题解决过程中对你的期望。其中有些期望是明确的（如在规定期限内提交中期报告和结项报告），而有些期望则是含混、隐晦的（如定期口头汇报）。要了解这些含混的期望并不容易，因此需要强调一点，尽量在 OBTAIN 流程法开始时就与利益相关方明确他们对你有哪些期望。如果无法做到这一点，你也可以参考利益相关方过往的做法来判断他们的合理期望。

如果你正在处理两个公共机构的兼并事宜，那么公众可能就是重要的利益相关方。从以往的类似兼并中你可能会了解到，在兼并计划的中期阶段和最终提案阶段都会与公众进行协商。公众有理由对公共机构的兼并抱有类似的咨询期望。这些期望构成了你与不同利益相关方之间的"信托契约"。

3. 满足信托契约的期望

一旦确定了不同的"信托契约"，你就必须履行这些契约。但要注意，履行契约本身并不足以建立信任，建立信任的方式很重要。想想构成信任的三个要素，如果你的行为方式不能高度体现这三个要素，那么你仍有可能失去信任。例如，即使你通过 OBTAIN 流程法提供了一个很好的解决方案，但如果延迟交付（不可靠）或在此过程中违反客户保密规定（缺乏诚信），那么你就会失去信任。

4. 补充

虽然你可能特别希望给某些利益相关方留下深刻印象，例如你的直属主管或老板，但请记住，信任是通过一手或二手获得的感知建立起来的。这意味着，即使你的老板通过与你共事的亲身经历对你的可信度评价很高，可如果他从其他渠道听到了对你可信度不利的坏话，他对你的好感也会削弱。

何时需要建立信任？

在商业环境下，你要仔细考虑人们是否信任你，以及你所持有的"信托契约"类型。特别是在 OBTAIN 流程法中，你应该考虑如何从流程初始就建立这种信任关系，建立信任与利益相关方沟通计划（详见第 7.1 节）可以一同实施。你还会发现，记录利益相关方以及你与每个利益相关方之间的"信托契约"对你很有帮助。

如何建立信任？

无论是谁（个人还是解决问题的团队），在建立信任的整个过程中都必须团结一致。这就意味着，如果你希望企业中的人信任你的团队（这样团队将来就能解决越来越重要的问题），那么你的团队就必须始终齐心协力、共同营造信任氛围。也就是说，任何个人都不能以牺牲团队利益为代价来谋求自身利益，否则团队的"诚信"就会受到质疑。如果一个团队都没有维护自己利益的能力，那么如何能委托他们维护别人的利益呢？当然，如果解决问题的团队只有你一个人，那么就不会有这类棘手的问题了。

> **范例**
>
> 在过去的 18 个月里，约翰一直经营着自己的小型金融咨询公司，这

家公司是他离开一家声誉卓著的大型咨询公司后成立的。第一年，一切似乎都很顺利。他有一小部分忠实客户，这些客户在他离开前公司后一直追随他，而且这些客户对他的建议所带来的回报感到满意。虽然他从不看重行业业绩基准（他认为满足客户的目标更为重要），但从这些指标来看，他的业绩还是相当不错的。在大多数人看来，他因提供合理、恰当的建议而赢得了良好的声誉。

第二年年中，约翰的工作似乎停滞不前了。虽然他保住了一小部分忠实客户，但尽管做了最大努力，也未能获得大量新客户，这让他越来越担心。因此约翰决定，为了增加客户数量，他首先需要了解自己与潜在客户之间的信托契约是什么，以及客户是如何感知他的。

按照建立信任的三步流程，约翰首先考虑的是他的潜在客户。如果客户选择他作为顾问，他们希望他履行什么样的"信托契约"？回想多年前在考咨询师资格时，他曾读到过这样一句话："客户希望他们的顾问能够提供'诚实、公正的建议，并根据他们的需求量身定制'。"虽然不同客户的期望会有所不同，但约翰认为，这是他与客户之间"信托契约"的一个十分合理的界定。

牢记这份"信托契约"的界定，约翰开始思考构成信任的三个要素——诚信、能力和可靠——以及潜在客户对他在每个要素上的评价。约翰首先关注的是能力，他坚信自己在这方面拥有良好的声誉。他在行业指数方面的表现远高于平均水平；他曾在世界领先的金融咨询公司工作，拥有非凡的业绩；他的现有客户一直对他的建议感到满意。不过，约翰也始终牢记"信任与感知有关"这句话，他承认，虽然他在现有客户中以能力卓越而著称，但或许他可以再多做一些，让潜在客户也能了解他的能力。在这一点上他需要采取一些行动，见表7-4。

表 7-4　约翰的行动计划

	问题	措施
诚信	客户是否认为同时收取资产服务费和佣金过于自利？	模拟改用只收取资产服务费的影响
能力	潜在客户是否了解约翰以往的卓越业绩？	更广泛地宣传专业知识：讲座、研讨会、宣传稿等
可靠	向客户汇报其财务业绩的频率是否足够？	询问新老客户希望多久收到一次信息，根据客户需求调整

接下来，约翰想到了诚信。虽然他相信客户知道他会始终以他们的最佳利益为出发点，但他也注意到，有几位客户对他同时收取资产服务费和佣金表示惊讶，而他的一些竞争对手只收取资产服务费。虽然约翰以自己的业绩大大优于竞争对手为由为自己辩解，但他不知道这是否会让潜在客户感到不舒服，并因此质疑他的诚信。换言之，如果客户知道约翰为其代理的理财产品收取额外费用（而不仅仅是咨询费），他们可能会认为约翰会一意孤行地将客户推向风险更大的产品，从而为自己带来更多经济利益。

最后，约翰考虑的是可靠。在这方面，他对自己及时、专业地提供建议的能力从未有过任何怀疑。同时，他也意识到，他确实每季度都会向客户提供资产绩效的最新信息，而且如果客户要求他额外提供最新信息，他也会尽快给予。不过，此时他在想，是否应该主动征询客户希望收到自己的财务业绩的频率，并根据客户的需求而非自己的想法进行调整。约翰将此作为另一个行动要点。

为提高自己的诚信度，约翰希望模拟一下（有关电子表格建模的更多信息，详见第 4.4 节）如果改变了收费结构，对客户满意度和他自身财务状况会有哪些影响。为此，他需要以下数据：客户为何选择财务顾问（来自行业调查），以及他自己公司的财务数据（如何收集数据，详见第 4.1 节）。在能力方面，约翰决定加大力度，通过举办讲座和研讨会（以及发布宣传稿等方式）来提升自己的品牌形象，从而使自己的专业水准广为人知。在可靠度方面，约翰打算征询客户今后希望多长时间了解一次财务业绩，而不是硬性按季度汇报或客户自己来问。

约翰也意识到遇到新客户时，他应该直接询问他们希望从他的金融咨询服务中获得什么，换言之，就是尽早确定"信托契约"。一旦达成一致，他将确保履行契约。

要点提示

- 不要以自我为中心。虽然这听起来很容易，实际上却很难做到。生意人总是想方设法获取更多的利益，但如果有了这样的名声，就会成为一个不值得信赖的人。因为信任你的人会无所保留地依赖你们之间的"信托契约"。所以，他们怎么会冒险和一个只顾自己利益的人合作呢？
- 信任是双向的。当有人向你提出要求，要你履行"信托契约"时，你也可以合理地要求对方，让他遵守约定，不能成为履约的障碍。
- 快速赢得信任。了解哪些行为对你来说简单易行且有助于与利益相关方建立信任；他们可能会请你帮一个忙或者做一件急事。

本节小结

- 信任有两个方面。首先，它是两个主体之间的契约：履行或违反这种契约会改变两个主体之间的信任程度。其次，它是一个主体对另一个主体的一种感觉，这种感觉基于以下三个因素：
  - 诚信
  - 能力

- 可靠
- 在 OBTAIN 流程法中，要赢得利益相关方的信任，你需要：
  - 了解利益相关方对你的信任程度。
  - 认识到你们之间的信托契约。
  - 履行信托契约的要求。
- 信任基于人们对你的感知。这种感知可能来自对方的亲身经历，也可能来自从其他人口中听到的事情。因此，你要始终以值得信赖的方式行事，而不仅仅是对利益相关方才这样。

你知道吗？

千百年来，信任常常使我们容易受到所信之人的伤害。早在古希腊，哲学家柏拉图就在《理想国》（*The Republic*）中记述了他的哥哥格劳孔和苏格拉底的一段对话，他们在对话中讨论了信任的本质。格劳孔讲述了牧羊人吉格斯的故事：有一天，吉格斯发现了一枚能让他隐身的金戒指，意识到戒指的威力后，他先后杀死了国王，引诱了王后，夺取了王位。对格劳孔来说，这个故事表明，阻止人类牺牲他人利益而追求自身利益的唯一原因就是害怕被抓到。

7.3 你是最重要的利益相关方

主要技术：
- 工作与生活满意度评估

基本原则：
- 家庭幸福与职场幸福息息相关。

什么是工作与生活满意度？

你的成年岁月大都将在工作中度过。即使你不在办公室也会受到工作的影响。哄孩子睡觉时，你是否会担心已经发送的报告数字不对？吃晚饭时，你是否为即将要做的演示而焦虑？朋友在一起时，你是否希望手机上不要再收到工作邮件？工作上的不顺心必然会投射家里的不顺心。反之亦然：如果你的家庭生活不快乐，也会影响到你的工作效果。问题的关键在于，虽然我们极力避免，但我们的工作和生活就是紧密相连的。要想在两种模式中都感到满意，我们就得同时面对。

工作与生活满意度评估如何进行？

工作与生活满意度是基于 7 个人们最不满意领域的一系列陈述进行评估的，见表 7-5。通过分解构成工作与生活满意度的相关问题，人们更易于确定需要改进的具体部分。

表 7-5　工作与生活满意度评估

1 ~ 10 分（10 分为最高分）					
要素	时间分组	陈述	这句话对我有多重要？（理想状况）	我在多大程度上认同这一说法？（实际状况）	实际与理想的差值
职业	工作	我从目前的工作中获得了极大的个人满足感			
事业	工作	我为目前的职业生涯所蕴含的机遇感到兴奋			
家庭	生活	我觉得我的家庭生活幸福美满			
社交	生活	我与朋友建立了牢固的关系和纽带			
健康	生活	我感觉身心健康			

要素	时间分组	陈述	这句话对我有多重要?（理想状况）	我在多大程度上认同这一说法?（实际状况）	实际与理想的差值
社会	工作／生活	我为自己对周围世界所做的贡献感到自豪			
自我	工作／生活	我有很强的自我意识			

得分差值:

0分	你对你人生的各个方面都感觉满意。
-2~-1分	你应注意这些问题，并在情况恶化时采取补救措施。
-4~-3分	这些问题需要你有所行动，你要考虑如何解决这些问题。
-5分及以下	立即解决这些问题。

若应用该评估，请为每个陈述打分，看看该陈述对你有多重要（你的理想分数），以及该陈述目前对你来说有多真实（你的实际分数）。不过，在打完实际得分之前，尽量将自己在每一项的情况与朋友或同事的情况做个比较（详见第9章）。我们有时会认为别人比自己做得好，但实际情况往往大相径庭。然后用理想分数减去实际分数，得出每项陈述的差值分。最后根据差值分数采取行动。如果你在某项陈述中的差值分数为0分或以上，这意味着你对现有的工作与生活满意，因此无须采取补救措施。但是，如果你在某项陈述中的差值分数为 –5 及以下，则表明你对工作与生活的某一要素极不满意，应立即采取行动。表 7-6 列出了针对各要素建议采取的行动。

工作与生活满意度评估还考虑了如何平衡健康的工作与生活。工作与生活满意度的每个要素都进行了"时间分组"，如图 7-8 所示。这种分组描述了如何花时间实现构成工作与生活满意度的 7 个要素。其意义在于，如果你希望提高"社交"满意度，那么就很可能需要抽出时间来实现这一目标（即花更多的时间与朋友见面）。为了挤出时间，你可能会发现自己在"健康"或"家庭"方面花费的时间过多，因此可以将精力从这些方面转移到"社交"活动上。这样一来，你只是重新分配了在工作与生活满意度的"生活时间"要素上所花费的时间。不过，你也可以决定在"工作时间"要素——"职业"（即减少周末工作时间）和"事业"（即如果晋升意味着要全天候工作且没有社交生活，就放慢速度）上减少精力投入，以便为"生活时间"要素腾出时间。换言之，你要改变工作与生活的平衡。

表 7-6　各要素的补救行动范例

要素	改进各要素的潜在行动
职业	• 在工作中找到新的职责 • 更换公司或职业
事业	• 明确你的潜在职业前景 • 了解阻碍你获得新机遇的因素
家庭	• 多陪陪家人 • 在家设定非工作时间
社交	• 多和朋友在一起 • 多出去走走
健康	• 去健身房锻炼 • 健康饮食
社会	• 参与社区活动 • 捐助慈善机构
自我	• 花时间反思自己的成就和成功 • 想想你的愿望是什么，以及如何实现这些愿望

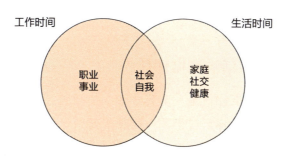

图 7-8　如何将各要素按时间分组

工作与生活的平衡在很大程度上取决于个人喜好，只有你才能决定其具体构成。无论你做出什么决定，都必须始终牢记两者之间应该保持平衡。因为我们的工作和生活相互交织，忽略其中一个而专注于另一个，都会引发内心的不适。

工作与生活满意度的两个要素是通过工作和生活分别获得的：我们对社会的贡献（"社会"）和我们的自我意识（"自我"）的满意度都得到了实现。这意味着，我们可以通过增减在工作与生活满意度的"工作时间"或"生活时间"要素上投入的时间，提高在这些方面的满意度。

何时应用工作与生活满意度评估？

虽然在 OBTAIN 流程法开始时完成评估是个很好的想法，但实际上工作与生活满意度的考虑应该贯穿一个人的整个职业生涯。更要定期（每季度甚至每月）做评估，将分数记在一个可靠的地方，分析其趋势、看看有无意外的下滑。如果你记录分数的同时也写下日期，那么你就能了解自己在不同工作条件下的变化。长期记录分数后，你可能会发现，在某个新项目开始时，你的"职业"分数最高（很可能因为你对新工作的挑战感到兴奋），但在时间跨度长的项目中期，你的"职业"分数最低。知道这些，你就可以预先防止工作与生活满意度的下滑，及早采取行动。例如，你可以在时间跨度长的项目中途要求增加新的职责（如管理团队成员或管理不同的工作流程），以保持新鲜感和兴奋感。

如何应用工作与生活满意度评估？

工作与生活满意度评估是一个非常私人的问题。因此，评估应私下进行，分数由相关个人保存，仅供其使用和查看。然而，你也不要因此害怕把评估测试分享给你所在的问题解决团队成员；如果他们愿意使用，自然可以。你不能强迫他人进行评估，要尊重他人的自由意愿。

范例

迈克尔是一家大型在线零售商内部咨询团队的绩效改良专家。在过去 10 个月里，他一直在为该零售商开展一个流程改进项目。最初的 8 个月里，迈克尔非常享受这个项目，可他近来却感到身心俱疲、毫无激情。这个项目工作时间很长，进而在家陪伴家人的时间就比预期少得多。迈克尔非常沮丧，甚至考虑项目结束后就立即离职。他希望能把自己对工作与生活状况不满的原因转化为可操作的改进计划，于是他完成了工作与生活满意度评估，见表 7-7。

表 7-7 迈克尔完成的自我评估

		1~10 分（10 分为最高分）			
要素	时间分组	陈述	这句话对我有多重要？（理想状况）	我在多大程度上认同这一说法？（实际状况）	实际与理想的差值
职业	工作	我从目前的工作中获得了极大的个人满足感	9	4	-5
事业	工作	我为目前的职业生涯所蕴含的机遇感到兴奋	7	6	-1
家庭	生活	我觉得我的家庭生活幸福美满	9	4	-5
社交	生活	我与朋友建立了牢固的关系和纽带	8	6	-2
健康	生活	我感觉身心健康	8	8	0
社会	工作 / 生活	我为自己对周围世界所做的贡献感到自豪	7	7	0
自我	工作 / 生活	我有很强的自我意识	8	9	1

得分差值：

0 分	你对你人生的各个方面都感觉满意。
-2 ~ -1 分	你应注意这些问题，并在情况恶化时采取补救措施。
-4 ~ -3 分	这些问题需要你有所行动，你要考虑如何解决这些问题。
-5 分及以下	立即解决这些问题。

迈克尔给自己的家庭状况和职业满意度打分，这两项的实际分数与理想分数差值最大（都是 –5 分），也就是说这两个问题都需要立即采取行动去解决。对迈克尔来说，工作满意度对他非常重要，但目前他发现自己从工作中获得的满意度极低，因为这个项目的工作重复性强、进展缓慢。他也认为拥有一个美满的家庭环境对他很重要，但事实上他没有足够的时间待在家里（每周都在外面出差，只有周五晚上很晚才能回来），因此他对目前的状况很不满意。

他还给自己的社交和事业状况打了分，差值分别为 –2 分和 –1 分。可见，他对自己的社交生活"有点不满意"，因为他和朋友在一起的时间没有他想要的那么多。他对自己的职业状况"略微不满意"，因为对自己的未来感到不确定。迈克尔决定在一个月后完成评估，对这些问题进行监测，如果仍然是负分，就采取相应行动。对于工作与生活满意度评估的其他要素（健康、社会和自我），他的评分为满意，因此无须采取补救措施。

通过这项评估，迈克尔注意到了需调整的地方，制订了一个行动计划，见表 7-8。为提高他的"职业"分数，他决定与项目经理坦诚的交流这个问题，项目经理一直与他关系不错。他希望与其商讨是否有可能在项目中承担些其他职责，特别是那些他以前没有接触过的工作（例如，花更多时间面试，花较少时间建模等）。这样，他就能在日常工作中获得新技能，面临新挑战。他还想知道项目何时结束，好开始期待新的工作，同时决定与直属领导讨论有没有可能更换项目，因为他已经在当前工作上花费了大量时间。

为提高"家庭"分数，迈克尔决定减少"工作"时间，增加"生活"时间。因此，他决定向项目经理询问是否有可能每周在家远程工作一次，从而有更多的居家时间。他还想出了一条拟遵守的规则：周末不办公。他决定将这一规则告知同事，让他们不要期望他在周末查看电子邮件（特殊情况除外）。

表7-8 迈克尔的工作与生活满意度改善计划

要素	行动
职业	• 就改变当前工作重点与项目经理谈话 • 明确项目何时结束 • 与直属领导商讨更换项目的可能性
事业	• 监测接下来两次评估的分数
家庭	• 向项目经理咨询更多在家远程办公的可能性 • 规定周末为"不工作"时间，要求同事尊重这一规定
社交	• 监测接下来两次评估的分数
健康	• 无须行动
社会	• 无须行动
自我	• 无须行动

迈克尔在他的日程表上设置了提醒，每隔两周做一次评估。他将从这些评估中判断自己的行动效果如何，以及是否需要采取进一步措施来解决发现的新问题等。

要点提示

• 不要"这山望着那山高"。我们经常会觉得别人比自己过得好，但在固执己见之前，最好先仔细考虑一下实际情况。你会发现自己的处境比想象中要好得多。

• 工作与生活满意度的分数可能会有波动。如果你注意到某一要素的分数差值极其明显，请在一周后再重新评估一次，你可能只是遇上了低潮期。可如果分数仍然很低，就要采取补救措施了。

• 想想你清醒的时候有多少时间是在"工作"和"生活"上度过的。用一周左右的时间做一次监测，看一下你花在每项要素上的时间，也许会对你有所帮助。你觉得这两者之间的时间分配合理吗？

- 不要只关注负面表现。如果你对工作与生活的各方面都满意，就应该肯定自己的成绩。人们往往只看消极的一面，对积极的一面却不懂得感恩，感受不到快乐。

本节小结

- 我们的工作和生活紧密相连。要在两者中获得快乐，就要同时处理好两者之间的关系。
- 工作与生活满意度由 7 个要素组成。这些要素的重要性因人而异，按如何取得成效进行分组：
  - 职业（工作）
  - 事业（工作）
  - 家庭（生活）
  - 社交（生活）
  - 健康（生活）
  - 社会（工作与生活）
  - 自我（工作与生活）
- 工作与生活满意度评估衡量的是我们对每个要素的实际满意度与理想满意度之间的差值。如果某一要素的差值较大，则表明需要在该要素上投入更多时间，以提高满意度。
- 为提高我们在某些要素上的满意度，我们往往需要在其他要素上减少时间投入。选择如何在这些要素上分配时间时，我们就要尽量考虑工作与生活的平衡。
- 我们应该在整个职业生涯中跟踪自己的工作与生活满意度，这样就能掌握趋势、发现意外的下滑情况，也能更多的了解自己，了解自己在不同情况下的满意度。

你知道吗？

在 20 世纪消费品工业兴起时期，大多数专家都预测，省时设备（如吸尘器或洗碗机）的需求量将远远超过耗时的产品（如电视机和收音机）。实际却恰恰相反：对耗时产品的需求远远超过省时产品。例如，8 年时间内 75% 的美国家庭都拥有了收音机，而过了 34 年时间 75% 的家庭才拥有电熨斗。经济史学家阿夫纳·奥弗尔（Avner Offer）认为，不同商品之间的这种需求差异取决于消费者选择如何利用闲暇时间：他们更愿意提高闲暇时间的质量，而不是仅仅增加闲暇时间的数量。

管理利益相关方阶段清单

利益相关方管理贯穿于整个 OBTAIN 流程法中。在这个阶段，你应该：

- ◆ 确定谁是你的利益相关方。
- ◆ 了解利益相关方与当前问题的联系。
- ◆ 制订与利益相关方之间的沟通计划，让其参与、了解工作进展。
- ◆ 了解利益相关方对你的信任程度。
- ◆ 增强利益相关方对你的信任度。
- ◆ 提升你对工作与生活的满意度。

第 8 章
管理团队

08

管理团队阶段的目标:
- 让你的团队始终保持快乐，充满动力。

涵盖的工具与技术:
- 贝尔宾团队角色理论
- 打造多元化和包容性的团队
- IT-GROW 框架
- 给予反馈意见

主要成果:
- 每个团队成员都有不同的特点，这些特点共同构成一个优秀的团队。
- 将多元化和包容性作为团队的核心。
- 所有团队成员都有实现发展目标的动力。
- 所有团队成员都能自信自如地提出并接受反馈意见。

OBTAIN 流程法

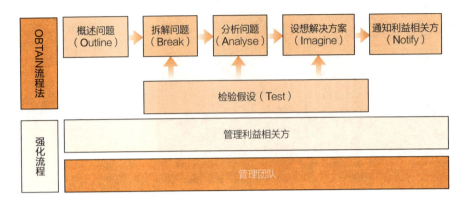

8.1　组建团队，确保成功

> **主要工具：**
> ◆ 贝尔宾团队角色理论
>
> **基本原则：**
> ◆ 一个成功的团队必须具备 9 个行为特征。

什么是贝尔宾团队角色理论？

你可曾想过，为什么有些团队似乎一拍即合，而有些团队却根本无法正常运作？或许你也曾在这样的团队里工作过，但却无法言明团队成败的原因。管理理论家梅雷迪思·贝尔宾（Meredith Belbin）认为，成功的团队具备 9 个行为特征或"团队角色"。尽早确定团队中每一个成员承担的不同角色，可以确保 9 个行为特征在整个 OBTAIN 流程法中都能得以体现。表 8-1 总结了这 9 个特征。

表 8-1　贝尔宾团队角色理论

团队角色	积极特征	避免事项
协调者	自信、经验丰富、值得信赖。他们制定目标、做出主要决策、发布工作流程,通常被视为团队的领导者	盛气凌人、颐指气使或操纵他人。协调者必须牢记,他们是团队中的一员,要在自己的职责内合理行事
完成者	通常是完美主义者。完成者注重始终按时完成任务,并尽可能地提供质量最好的成品	把事情夸大,或者让团队成员对工作过于焦虑。完成者需要相信自己的团队
执行者	可靠、高效、亲力亲为。执行者对高深的理论不感兴趣,更热衷于把事情做好	行动过于保守。执行者相信自己所掌握的知识,不愿意尝试新的解决方案或方法
监督者	跟踪进度,着眼全局。监督者有可靠的判断力,是团队中值得信赖的伙伴	被视为看门人。虽然监督者的高超技能有利于将工作与总体战略结合起来,但不应与团队疏离
智多星	团队中的创意天才。凭借发散思维,他们能帮助解决棘手的问题	标新立异、冷漠。智多星会冒险惹恼他人,不屑于将自己的想法传达给团队其他成员
外交家	不断探索机会,发展人脉。外向、热情的团队成员	注意力不集中。外交家在遇到困难时往往会失去兴趣和热情
鞭策者	激励团队,不断进步。在压力下茁壮成长。鞭策者是团队中一股充满活力的力量	不考虑他人感受。鞭策者有时会激怒其他不善于应对压力的团队成员
专家	团队中的专业人士。专家拥有团队所需的宝贵知识和技能	无法向团队其他成员传授自己的知识。他们的专业技术和知识会让人难以理解。团队需要确保充分利用专家的专业知识
凝聚者	团队的友好面孔。凝聚者善于与人打交道,善于解决团队内部冲突。他们通常性格温和,善于交往	过于软弱。配合者具有外交天性,能看到争论的正反两面,这可能会让不太敏感的团队成员感到不快

根据贝尔宾的研究,如果这些角色中任何一个没有履行到位,团队就无法发挥其最大潜能。因此,你必须确保团队中的每个成员都能明晰这些角色具体是什么,以及由谁负责履行这些角色。

贝尔宾团队角色理论如何运作？

召集你所负责的问题解决团队，让每个人（与你一起）决定他们自己与 9 个团队角色中的哪个角色关系最为贴近（有一个评估测试可以帮你做到这一点，如需了解更多信息，请参阅"延伸阅读和参考资料"）。角色一旦确定，个人就必须在整个问题解决过程中展现出该角色的特征。这九个团队角色都要由解决问题团队中的成员来担任。例如，团队负责人可以承担协调者、监督者和鞭策者等角色。因此，在整个 OBTAIN 流程法中，团队负责人必须展现出贝尔宾角色的积极特征。一人担当多个团队角色或一个角色由多人担当都没有问题，关键是要涵盖所有团队角色。

需要注意的是，当某个成员被赋予特定的团队角色时，并不意味着其他成员不具备该角色的特质。如果因为团队中某个人被赋予了"智多星"的角色，其他人就不能进行创造性或想象性思考，那就大错特错了，每个人都可以（也应该）这样做。问题的关键在于，在团队动态中，"智多星"有责任确保生成想象力和创造性思维。至于是由这个人单方面进行思考，还是他鼓励大家共同献策，则取决于他自己。

除了贝尔宾团队角色理论，还有什么能确保一个团队具有多元化和包容性？

一个好的团队要具有多元化和包容性，这背后的依据由来已久、无须争辩。多元化和包容性的团队由来自不同背景、种族和性别的人员组成。他们接纳不同的观点，彼此间有足够的信任，必要时可以提出质疑。遗憾的是，这种团队模式尚未成为常态。

尽管大多数企业取得了长足进步，但仍不能代表其所服务的客户或人群具有多样性。下面几个问题有助于指导企业的改进：

1. 究竟什么是"好"？首先，一个企业必须守法。在英国，这意味着企业要全面遵守《平等法》（*Equalities Act*），并明确规定出受保护人群的特征。不过要知道这只是最起码的要求，尚未达到"好"的地步。"好"意味着要超越这一点，要进入更高的层级。你所在企业员工的种族和性别是否代表了全国平均水平？如果不是，为什么？企业的职级构成有何不同？企业的高级职位是否不如其他职位更具多样化？这种情况可以接受吗？

2. 入职企业的途径是否一视同仁？重新审核招聘做法，尽力为背景各异的求职者创造一个热情友好的环境。这就要核查企业使用的语言和树立的形象，同时对招聘地点和方式予以分析。此外，你将哪些单位作为招聘活动的目标？这些单位是否为你提供了多样化的人才库？你又与哪些机构合作寻找候选人？

3. 你所在企业是否能为全体员工打造热情友好的环境？这是个大问题，可能需要你询问全体员工。每个员工都能自在的做自己吗？企业是否庆祝企业内不同员工群体所重视的节日？企业文化是否允许公开辩论和对话？

4. 你知道哪些有效、哪些无效吗？你知道如何收集企业相关的数据吗？调查、工作坊、一对一谈话等有利于了解企业问题。作为管理者，你要定期对此进行审查，看看哪些是有效的，哪些是无效的。

5. 你知道无从下手时该向谁求助吗？社会不断发展，几年前先进的东西可能已经不再适用。作为管理者和问题解决者，你应该始终保持好奇，致力于为团队营造尽可能良好的工作环境，但你不可能一直擅长这些。因此要知道该向谁寻求建议：这些人可能是专家、咨询顾问或企业中的人力资源专家等专业人士。

何时应用贝尔宾团队角色理论？

团队背景和角色定位应在 OBTAIN 流程法开始时完成。一旦选定了解决问题的团队，就应该立即召开一次启动会议，让团队成员相互了解。这次会议是决定由谁来担任不同团队角色的好时机。决定结果应由团队负责人记录在案，并确保在整个 OBTAIN 流程法中这些角色都能得以展现。

范例

罗斯玛丽是一家连锁健身房的区域总监，近期的工作是要兼并她所在地区的三家健身房。她有一个五人团队（从健身房总部借调）来帮助她完成这个项目，其中有些人她很熟悉，有些人她从未见过。为了解她的新团队并说明他们将要开展的工作，她给每个人分别发送了一封电子邮件，邀请他们参加启动会议。

在会议上，团队成员相互了解之后，罗斯玛丽向其介绍了贝尔宾团队角色理论。她解释说，所有 9 个角色都将由团队中的不同成员担任（由于包括罗斯玛丽在内，团队只有 6 人，因此有些人必须扮演多重角色）。一旦某个人被分配了某一角色，他就必须在整个 OBTAIN 流程法中扮演该角色。罗斯玛丽决定让每个人写下对这个问题的简短回答："你有哪些能力适合这项工作？"大家写完后，他们以小组为单位，将答案与贝尔宾团队角色进行匹配。表 8-2 为得出的结果。

起初，团队成员对该问题的回答心存顾虑。他们担心自己的回答会显得傲慢，或者被类型化为某一商业角色。罗斯玛丽强调，这是一个完全不带评判性的演练，所有答案都不会出现在问题解决团队之外。她还告诉大家，他们将在一个月后审查贝尔宾角色，检查各个角色是否得到履行，如果大家对自己的角色不够满意，也可以彼此交换角色。最后，她要求团队成员记下自己的角色以及在整个工作中需要表现出的行为特征。

在所有贝尔宾团队角色中，"外交家"是罗斯玛丽团队最难匹配的角色。虽然马里奥确实表现出了这一角色的许多特质，但他担心自己职位相对较低，会妨碍这一角色的人际网络建设。罗斯玛丽鼓励他先担任这一角色，但他们会在第一次月度检查后重新评估。届时，尽管马里奥表现出色，但经过讨论，罗斯玛丽同意接替他担任外交家角色。大家一致认为马里奥作为刚进入企业的新成员，需要更多时间和空间来适应周围环境，同时担任两个贝尔宾团队角色，负担会有点过重。

此外，罗斯玛丽似乎还有余力，因为项目进展顺利，她还可以承担一个相对轻松的"协调者"角色。

表 8-2　确定团队角色

团队成员	你有哪些能力适合这项工作？	贝尔宾团队角色	
罗斯玛丽	做出艰难决策；跟踪事情进展；合并经验	协调者	专家
卡洛斯	充满活力、热情、高效。总能按时完成工作，甚至在截止日期前完成任务	鞭策者	监督者
伊塔	提出富有想象力的新观点	智多星	
马里奥	发扬他人的优点；与他人和睦相处	凝聚者	外交家
乔治	投入工作，完成任务	执行者	
钱德	注重细节，确保正确	完成者	

要点提示

- 团队启动会议之前，最好让团队成员完成自评问卷，确定哪个角色最适合他们。自评问卷可在梅雷迪思·贝尔宾的《管理团队：成败启示录》一书中找到（详见"延伸阅读和参考资料"）。

- 不要强迫任何成员担任某一团队角色。没有人天生适合某个团队角色，如果找不到合适的人选，可以考虑重组团队。如果还是不行，那么最好的办法就是让缺失的角色由整个团队来负责。让每个人都意识到，这是团队的盲点，应该共同来弥补。

- 分配团队角色时要敏锐。尽管每一个团队角色都具有积极性，都至关重要，但决定谁应该担任什么角色是一个关键问题。有人可能会自认为是团队中的创意人才，而实际上，其他成员可能更适合这一角色。使用自评问卷这样的独立评分测试有助于客观选择角色。

- 如果贝尔宾团队角色在某些个人身上不起作用，可以在团队成员内部交换角色职责。这样也可以给问题解决团队带来新鲜感。

- 确保团队具有多样化，崇尚包容。有很多良好实践范例可供借鉴，如有必要，也不要怯于请专家参与。

本节小结

- 贝尔宾团队角色理论基于一项研究，该研究表明，成功的团队具备 9 个不同的行为特征，这些特征相当于不同的团队角色，分别是：
  - ◆ 协调者
  - ◆ 完成者
  - ◆ 执行者
  - ◆ 监督者
  - ◆ 智多星
  - ◆ 外交家
  - ◆ 鞭策者
  - ◆ 专家
  - ◆ 凝聚者

- 这 9 个团队角色应该由问题解决团队内部的成员来担当。个人担当多个角色或多人担当同一角色都可以，重要的是要确保充分涵盖不同的角色。

- 一旦确定了团队角色，团队成员就有责任确保在整个 OBTAIN 流程法中彰显其特定角色的行为特征。团队负责人应在整个过程中定期检查是否做到了这一点。

- 贝尔宾团队是一个全方位发展的团队。同时，你也需要确保团队具有多元化和包容性，这样的团队才更出色。

你知道吗？

最早的团队行为动力学研究之一，是 1924 年至 1932 年在芝加哥附近的霍桑工厂进行的一系列实验。研究中最著名的发现是"霍桑效应"，即对工厂中的工人表现出浓厚的兴趣能激励他们的工作士气，从而在短期内提高生产力。研究人员对工人在较强或较弱的光照下工作是否会提高生产力进行了测试。测试发现，实验过程中的生产力确实有所提高，但一旦实验停止，生产力就会下降。

8.2　帮助他人达成目标

主要技术：
- IT-GROW 框架

基本原则：
- 培养人才，让其具有灵感、充满动力。

什么是 IT-GROW 框架？

培养人才不是一件轻而易举的事情。培养关系可能存在于两个主体之间：教练（通常是问题解决团队的负责人或直属领导）和受训者（通常是问题解决团队成员或部门下属）。不过，需要注意的是，培养关系并不总是存在于团队领导和团队成员之间。在开始建立这种关系之前，双方必须同意建立培养关系，并全心全意致力于这一关系的成功开展，不能仅仅出于责任感或义务感而建立这种关系。培养关系在很多维度类似于双方之间的信托契约（详见第 7.2 节）。受训者相信教练会尽其所能的培养他们，同样，教练也相信受训者会像他们一样专注于自身的培养。

IT-GROW 框架为教练与受训者之间的培养对话提供了一种方法。对话的目的是让受训者了解他们在特定时期内应为自己设定哪些发展目标，以及如何实现这些目标等。该技术围绕 6 个步骤展开，如图 8-1 所示。

请注意，这里的"教练"一词是指为他人提供建议或帮助的人，并不是指专业意义上有资质的教练，这一点很重要。不要误以为只有专业教练才能胜任培养他人的角色。好教练就是帮助受训者实现他们的预期目标，并不需要有多年的经验或资历才能胜任。你只需友善地倾听、真诚地表达自己的意图，牢记教练这件事是围绕对方而不是自己，这样才能建立起有效的培养关系。

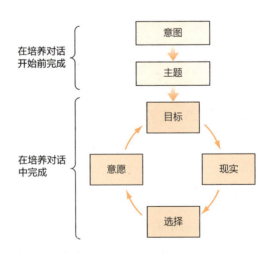

图 8-1　IT-GROW 框架

IT-GROW 框架如何运作？

该框架在每个阶段都有一个教练和受训者要回答的问题，见表 8-3。受训者应回答这些问题以确保对话的重点是实现目标；教练也要回答这些问题以确保自己的行为始终符合受训者的最佳利益。

表 8-3　IT-GROW 框架的问题

阶段	教练和受训者都应该问的问题
意图	开始这种培养关系的动机是什么？
主题	培养关系的重点是什么？
目标	受训者的目标是什么？
现实	受训者的目标和现状有什么差距？
选择	有哪些方案可以弥补这一差距？
意愿	受训者实现这一目标的决心有多大？

前两个阶段（IT，即意图与主题）应作为培养关系的初始部分来完成。如果教练和受训者对培养关系的意图与主题没有达成良好共识，就不应该继续执行 IT-GROW 框架。

意图

该框架的第一部分是确保培养关系出于良好愿望。在开始发展对话之前，备选的教练和受训者都应各自问问自己为什么愿意开始这段培养关系。任何时候双方都应牢记，教练是为了帮助受训者实现预期目标。如果开始培养关系的初衷与这一目标不符，那么就不应该开始。例如，直属领导可能希望将 IT-GROW 框架用于与自己关系破裂的部门下属。直属领导认为，开始这种培养关系会拉近两个人的距离，缓解紧张关系。此时直属领导是在自我激励：想通过培养下属从而达成改善与下属关系的目标。这显然不是为了帮助受训者实现其预期目标。基于这个原因开展的关系培养既不明智，也不恰当。

主题

培养关系中，双方需要就共同开展的适当主题达成一致。主题是培养的通常范围，包括面试、建模、时间管理或解决问题等。虽然教练不必是某一培养主题方面的专家，但受训者可能更希望如此。最主要的是教练和受训者双方都对所选主题满意，相信对方有能力使关系的培养取得成功。主题应在第一次培养对话之前选定。

一旦确定了意图和主题，双方就应进行培养对话（通常是受训者与教练之间长达一小时的会议），在此过程中完成框架（GROW）的以下阶段。

目标

培养对话的第一部分是了解受训者的目标。与问题陈述中的成功标准（详见第 1.1 节）一样，设定的目标应符合"SMART"标准，即：

- 具体（Specific）：目标是一个可定义的指标。
- 可衡量（Measurable）：可以确定目标是否已经实现。
- 可实现（Achievable）：目标可行。
- 相关性（Relevant）：目标与培养主题相关。
- 时限性（Time-bound）：目标需要在规定期限内实现。

受训者必须自己决定目标。教练的作用是确保目标符合上述 SMART 标准。受训者可以选择多个目标，但实现这些目标必须切实可行，并且都必须与所选主题相关。

现实

一旦选定目标，对话就应该转为差距分析，分析受训者的预期目标和当前离实现目标还有多大差距。例如，受训者可以将自己的目标设定为：

"我希望通过这项工作培养我的演讲技能，以便在 6 个月内，我至少为主要利益相关方做三次演讲；目前，我给自己的演讲水平打分为 4 分，满分 10 分，6 个月后，我希望自己的评分能达到 8 分或以上。"这种情况下，培养对话应该围绕受训者目前在演讲方面的能力、经验和信心展开。教练应邀请受训者先进行自我评估，然后再提出意见。

选择

在这一阶段，双方将讨论有助于受训者实现目标的不同方案，这与制订行动计划类似。例如，可选方案可能包括：主动承担团队拟进行的下一次演讲；参加培训课程；承担更多的项目管理责任；等等。一旦就这些方案达成了一致，就应将其纳入工作计划（详见第 2.2 节），并指定截止日期。

意愿

培养对话的最后一部分是保证受训者实现目标。受训者此时需要坦诚：如果他们觉得自己没有完全投入，那么可能需要重新启动 GROW 过程，直到受训者的意愿等级达到令其满意的程度。教练的作用应该是找出实现目标可能遇到的障碍，同时提出克服这些障碍的方法，并鼓励受训者努力实施。完成上述工作后，教练和受训者应约定再次会面，评估在实现目标和完成所讨论的方案方面取得的进展。在随后的对话中，"GROW"框架可能依然适用，因为很可能再次重申目标，调整现实，核查和重新确定选择等。培养关系应持续到受训者的目标实现为止。

何时使用 IT-GROW 框架?

理想情况下，培养关系应在 OBTAIN 流程法开始时确立。这样，受训者的目标就可以与问题解决过程的工作结合起来。如果受训者和教练都是问题解决团队的成员（因此共同应用 OBTAIN 流程法），那么将受训者的目标截止日期与 OBTAIN 流程法中的结束时间结合起来会很不错。这样，整个过程的时间安排就有了连续性。在整个问题解决流程中，教练都应检查受训者在实现目标方面的进展情况。

如何使用 IT-GROW 框架？

该框架专门适用于教练与受训者培养关系的建立。不过，该框架背后的原则可以应用于各种场景，也适用于问题解决团队的所有成员。也就是说，要实现目标，首先需要设定一个目标，了解自己距离实现目标还有多远，然后再计划如何具体实现该目标。

范例

罗伯特最近被提拔为一家全球性咨询公司的项目负责人，他在一个五人团队中担任主管。在目前这个项目初期阶段，罗伯特即将与团队成员中的安德鲁进行第一次内部会议。安德鲁因为这个项目一直忧心忡忡，因为他将负责创建一个大型财务模型，但他觉得自己还没有足够的建模经验。他告诉罗伯特，希望在他们的会谈中讨论如何提高自己的建模技能。显然，安德鲁已经清楚地表明了他想开展培养对话。

会谈前，罗伯特决定使用 IT-GROW 框架来帮助安德鲁。首先，他问自己帮助安德鲁的目的是什么。罗伯特真诚地想要帮助他增强信心和建模能力；他发现自己不仅想要帮助他人成长，还意识到提高安德鲁的建模技能对项目的成功也大有好处。罗伯特注意到自己的动机并非完全无私，于是扪心自问："我是否真能帮助安德鲁达到预期目标？"他觉得自己是真心实意的，而安德鲁达成这个目标对项目有好处，这只是一个巧合。他确信自己的初衷是好的，因此很高兴继续进入框架的下一阶段。

安德鲁已经告诉罗伯特他想重点讨论的话题，即数据建模。罗伯特认为自己在建模方面的知识和经验足以帮助安德鲁，因此很乐意讨论这个话题。

在内部会议开始时，罗伯特向安德鲁解释了 IT-GROW 框架。在确认安德鲁同意他们在谈话中使用该框架后，他询问安德鲁的预期培养目标是什么。他们讨论了安德鲁对自己建模技能的担忧，还讨论了项目中创建财务模型的必要性，他们共同明确了安德鲁的目标："两个月后，我需要创建一个重要的财务模型，在此之前，需要增强我对建模的信心。"这个目标符合 SMART 标准，罗伯特感到相当满意。不过，他更希望对目标进行客观的衡量，因此他请安德鲁给自己目前的信心打分（满分 10 分），并附注解释他的得分（他得了 4 分）。安德鲁将在两个月后重新为自己打分，目标是 8 分或以上。

然后，他们讨论了安德鲁目前的建模经验和能力。罗伯特要求他列出过去做过的所有建模工作，安德鲁才意识到自己其实拥有相当丰富的建模经验。去年加入咨询公司时，他参加了为期半天的建模培训，曾创建两个小型成本效益分析模型，还对另一个模型进行过质量保证。看来，安德鲁真正担心的是这次建模的规模和复杂程度，以及他想要完美的完成建模的压力。针对后一点，罗伯特强调最终建模的责任并不只落在安德鲁一人身上，这缓解了他的担忧。罗伯特作为团队负责人，会在整个建模过程中为安德鲁提供指导，在他需要时随时提供帮助；另一名团队成员会在模型完成前对其质量进行保证；最后，罗伯特指出，工作的最终成果（模型只是其中之一）由整个团队负责，而且主要由团队主管负责。通过对现实情况的说明，罗伯特消除了安德鲁的一个主要顾虑。

显然安德鲁需要拥有创建大型模型的经验（比他以往任何作品的规模都要大），他们共同讨论了实现这一目标的不同方案，并就三个方案达成了一致。第一，安德鲁将翻阅他以前的建模培训笔记，提醒自己注意基本原则（详见第4.4节）。第二，罗伯特会给他发送一系列大型模型及相关示意图，让他熟悉复杂模型的样子。第三，罗伯特同意送安德鲁参加为期两天的建模培训课程，提高他的技能。虽然时间紧迫，但罗伯特还是在安德鲁的日程安排中腾出了时间，这样他就可以在接下来的两个月里完成上述三项任务。

最后，两个人讨论了安德鲁想要完成任务、提高建模自信心的意愿。安德鲁承诺，他将全力以赴实现目标，在两个月内完成所有任务。罗伯特对这次会议的结果很满意，他们确定每两个星期会面一次，为期两个月。这样，罗伯特就可以掌控安德鲁的进度，并在必要时调整他的行动计划。

要点提示

- 教练或受训者要记录商定的培养目标。如果没有目标记录，教练或受训者就无从得知这些目标是否已经实现。
- 如果你正在寻找教练，不妨跳出思维定式。你的教练不一定是你所在企业的人员，甚至不一定是你所在行业的人员，他们只需要是你信任的人。
- 差距分析是有效的商业工具，旨在了解现实情况与未来理想状态的差距对比。差距分析也适用于其他场景之中，应该多多应用。

本节小结

- 培养关系存在于教练和受训者之间，教练帮助受训者了解自己的培养目标以及如何实现这些目标。
- 培养关系是一种指导形式，即教练帮助受训者实现他们的预期目标。

- IT–GROW 框架的目的在于确定培养对话框架。该框架的第一部分（IT），是了解教练和受训者建立培养关系的意图，之后就培养主题达成一致。第二部分（GROW）是设定培养目标，分析现实与目标之间的差距，列出实现目标的备选方案，衡量受训者实现目标的意愿。
- 一旦确定了目标，培养关系就应一直持续到目标实现为止。在整个关系进程中，教练要定期核查受训者实现目标的进展情况。

你知道吗？

GROW 模型（IT–GROW 框架的基础）来自网球运动。作家兼体育教练 W. 提摩斯·高伟（W. Timothy Gallwey）在培训他的网球学员时首次提出了这一模型。他注意到，直接对学员下达指令，如"盯住球"，对改变其行为的积极作用微乎其微。因此，他开始询问学员他们想要实现什么目标，而不是他来告诉学员应该怎么做。他发现，让学员明白自己需要做些什么来提高成绩，而不是教练告诉他们，这种方法要有效得多。于是，他将这种方法发展成了独到的"内心游戏"（Inner Game）理论。在此基础上，这个理论又发展出了 GROW 模型。

8.3 敏捷的工作方式

主要技术：
- 敏捷原则

基本原则：
- 世界充满不确定性，敏捷有助于你的成功。

何为敏捷？

你的团队中是否有人创建了一个庞大的微软项目计划，预测未来三年的发展？你的利益相关方要求在 12 个月后以何种形式交付成果？这些都是"垂直"工作方式的典型范例；这种工作方式假定世界是可预测、线性且可控制的。也有案例说明这种方法是有用的。以建筑行业来说，尽管有供应链这个外部挑战，但你应该知道在建造什么、如何建造以及何时建造（当然，延误和成本超支是常有的事）。不过，敏捷是指另一种思路。它所说的是在一个不可预测的世界里，你应该拥抱不确定性。不要装作自己总能做到面面俱到，而应该承认有些事情是不可预期的。在权衡成本、时间和特色时，它主张你应该将成本和时间这两个变量设定为固定点，并在此期间竭尽所能，同时朝着最终目标不断迭代，以此作为团队管理的基础。

敏捷是怎样运作的？

表 8-4 概述了敏捷的一系列原则。

敏捷的工作方式包含以下原则。首先你要自主决定采用敏捷的工作方式，要清楚谁是你的用户，以此为工作指引。

其次，你需要对利益相关方的期望加以引导，你不能向他们详细阐述 6 个月后的情况，因为连你自己也不知道。敏捷的风格应体现在你的日程表和日常活动中。冲刺业绩应符合团队的工作重心。每次活动之前，你都应该先完成一项积压的工作。然后，与下次冲业绩活动相比，优先考虑这次应该完成的任务，并进行相应的人员分工。每日例会要回顾各项活动的进展情况。冲业绩活动结束时应该进行活动回顾，与团队成员一起总结哪些工作做得好，哪些工作下次可以做得更好。

表 8-4　敏捷原则

原则	影响
关注用户	用户就是一切。你所制作、构建或集中精力从事的任何事情都应以满足用户需求为导向
朝着最终目标迭代	设定一个最终目标（如"建立一个新的在线课程"），但要承认，在工作开始时，你还不知道实现目标的具体路径
接纳敏捷	一系列固定的活动有助于形成团队的工作节奏。这些活动基于每周或每两周一次的业绩冲刺，包括每日例会、业绩冲刺结束后的回顾以及积压任务的完成等
开放的态度	你的利益相关方不会反感。而且，分享你正在做的事情，你会学到更多。展示和汇报等活动有助于与大家一起检验工作进展
鼓励跨学科	敏捷的团队是跨学科的团队。其中包括用户研究员、商业分析师、技术人员，有时还有伦理学家和某一领域的专家。观点多样化，才能带来最佳结果

此外，展示和汇报是团队成员期待的工作。应该利用这些机会说说自上次"展示与汇报"以来团队成员做了什么、学到了什么、希望下一步做什么等。最重要的是，利用这个机会向受众征求意见和帮助。这是一个极有价值的获得反馈的方式。

最后，确保你的团队拥有所需的技能，尤其是能匹配各类所需的团队角色。贝尔宾团队角色理论可以帮助你了解团队中的角色类型。敏捷迫使你思考团队是否拥有必要的技能。如果没有，你可以向利益相关方提出要求。如果利益相关方无法解决，你需要强调如此可能引发的风险——也就是，交付最佳解决方案时，你可能无法提供全部所需的观点和技术。

何时采用敏捷的工作方式？

敏捷并非适用于所有场景。如果你推出的是一个老生常谈的解决方案，比如一个新的人力资源系统或开办一个培训课程，这类方案中的大多数事情都是可以预测的，此时敏捷的方式反倒无益。此外，如果一个企业极度规避风险，喜欢提前了解所有事宜，对每项活动都管理得细致入微，也很难在一开始就采用敏捷的方式（尽管仍有可能从中获益）。因此，你应该慎重决定何时采用敏捷的做法。根据经验，如果你提出的解决方案比较新颖，换言之，无论是在你所处的行业还是其他行业，都没有多少先例可言时，那么这类方案很可能会从敏捷的做法中受益。

但这只是第一关。通过了这一关，你就可以向项目发起人或董事会解释敏捷的运作原理了（如果他们不知道），以及从治理和汇报的角度，敏捷具体意味着什么。它意味着要根据业绩冲刺和减少积压工作来衡量工作进度，而工作特色和进展体现在展示和汇报中；同时你的团队需要具备各种技能和角色的成员。如果项目发起人或董事会愿意接受，那就好办了。有了这个环境，敏捷的工作方式才能成功。

如何启用敏捷的工作方式？

套用一句名言，一个敏捷团队的成员通常旗鼓相当，不过一些角色的要求可能高于另一些角色。产品经理或服务经理往往是团队的领导者，他们是待提交的解决方案的研发团队和团队外部之间的接口。他们负责打电话，向利益相关方做汇报等。交付经理则负责确保敏捷原则和规范得以遵守，他们通常会搭建和引导一流的敏捷模式。

根据你在企业中的职位、技能和可用时间，你可能适合担任产品经理。又或者，你可以委托一个行事敏捷的团队代表你工作，而你实际上是团队的发起人，这也同样可行。

范例

特蕾泽的任务是缩短电动汽车客户服务团队的呼叫等待时间。该公司已同意为客户开发一款新的移动应用程序，但该应用程序需要从头开发。特蕾泽组建了一个跨学科团队，由软件工程师、分析师、用户研究员和技术专家以及呼叫中心处理人员组成，共同在 3 个月的时间内开发出了这款应用程序。

由于该应用程序是新开发的项目，她与执行团队的发起人商定，将其定为一个敏捷项目。在网上学习了产品管理速成课后，她将自己设定为兼职产品负责人，并聘请了一位经验丰富的交付经理（自主执业人员）加入团队。交付经理帮助搭建了一流的敏捷模式，向团队成员解释整个过程中对他们的期望，加以指导，并负责核查该模式是否得已恰当实施。特蕾泽在团队第一次展示和汇报前很紧张。经过两次业绩冲刺（一个月的工作）后，他们要展示的是新应用程序的可点击原型。不过此时她还不确定利益相关方希望看到什么。

在展示和汇报结束时，一位执行董事赞扬了特蕾泽迄今为止取得的进展。他们从未见过这么快就能展示产品的。特蕾泽指出，产品还没有完全投入使用，但这对他们来说并不重要，他们看重的是看得见摸得着的进展，以及团队工作方式的开放性。事实证明，敏捷模式已经取得了初步成功。

要点提示

- 敏捷不是单一存在的，而是综合了各种活动、常规和原则。坚持原则，才不会出错。
- 敏捷并不是不知道自己在做什么或走向哪里。出色的敏捷工作模式是详细、专注、细化的。敏捷思维模式接纳以下两点：其一，用户永远是对的（他们可能不喜欢那些理论上听起来不错、实际上难以执行的方案）；其二，并非所有事情都是可控的，保持敏捷开放非常重要。

- 敏捷的模式并不复杂，这是一种可以在工作中学习的艺术形式。但团队中至少有一些人（主要是产品经理和交付经理）需要具备敏捷工作的经验，他们可以将这些知识推广给其他团队。

本节小结

- 敏捷是一系列原则的集合。第一条，也是最重要的一条，就是要以用户为中心。其次，几乎同等重要的是，不要装作你能掌控一切。

- 敏捷的做法有助于为团队设定节奏和模式。你应该期待并享受这些活动，如果无法从中感受快乐，而且也不觉得有任何价值，那一定是哪一个环节出了问题。

- 对缺乏敏捷模式工作经验的高级利益相关方，你可能需要花更多时间让他们适应这一模式。展示和汇报的时候请他们参加，让他们了解实践中敏捷模式呈现的样子。

你知道吗？

20 世纪初，敏捷作为一门学科从软件开发中发展起来。2001 年出版的《敏捷软件开发宣言》（*Manifesto for Agile Software*）影响巨大。但敏捷的影响远不止于技术，从汽车制造商到养老院，无不以采用敏捷模式工作为荣。

8.4 双向反馈

什么是反馈?

一个常见的误解是,反馈就是上级训斥下级,但事实并非如此。反馈既有建设性的表扬,也有建设性的批评。任何团队成员,无论资历深浅、经验多寡,都可以给予反馈。反馈是一种强有力的技术,它可以:

• 让人们对自己的行为进行有据可依的觉察,有助于个人发展。
• 向人们表明个人发展是受到重视的。
• 在给予反馈和接受反馈的双方之间建立信任。

反馈是提供者和接收者双方之间的对话。对话的开始,或者是提供者提出反馈意见,或者是接受者要求反馈意见,任何一方都可以提出要求或拒绝给予。这显示了反馈的双向性:双方都必须乐于参与。一旦双方同意参与反馈对话,就可以通过各种不同形式给予反馈,如面对面、发送电子邮件或打电话等。对话应遵循图 8-2 中总结的五步流程。

给予反馈时,应遵守以下三项原则:

• **有据可依**——反馈必须有据可依。"我认为你的数据分析能力有待提高"既不是有据可依的反馈,也不是有效的反馈;"你上周做的现金流贴现分析有一些不易修改的编码和错误公式"才是有据可依的反馈。

- **私密**——反馈是提供者和接收者之间的私人对话。除非接收者同意，否则其他人不应知道或听到反馈内容。
- **及时**——反馈应在事件发生后尽快进行。此时提供者和接收者都对反馈所依据的观察结果记忆犹新。

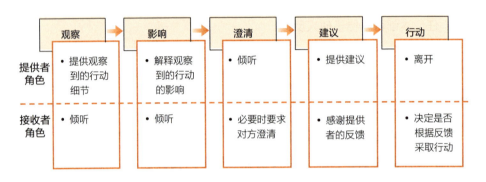

图 8-2　反馈对话流程

如何反馈？

就像安排面试一样（详见第 4.2 节），当你决定向某人提供反馈意见时，应事先告知你的目的。这样做时要先询问其是否愿意收到反馈；何时方便收到反馈；希望以何种形式收到反馈；等等。反馈不能以强迫的方式给予，所以请记住，别人拒绝你的反馈是绝对没问题的。他们可能有正当的理由不愿意接受反馈，比如此刻在考虑其他事情、目前没有时间或者认为你的反馈没有什么价值。如果是后一种原因，那就是他们的损失了。向更愿意接受反馈的人提供反馈，你会收获关心他人发展的良好声誉。很快，原先拒绝你提供反馈意见的人就会主动来找你，请求你给予反馈意见！

鉴于反馈不一定总被接受，因此它与直接表扬或批评有着很大不同。

表扬或批评是指提供者告诉接收者他们的表现是好是坏。虽然表扬或批评也出现在一定的时间或场合，但不应将其与反馈混为一谈。反馈是一种双向对话；表扬或批评只是一种单项陈述。

提供反馈意见的人不一定非得是某一领域的专家。一个团队中的下属完全可以就上司的项目展示或管理风格向其提供反馈（无论正面或负面的）。即使该下属以前从未做过管理工作，但由于他们有被管理的经验，仍然可以向上司提供一些有用的反馈意见。同理，尽管下属可能没有进行项目展示的经验，但他们有很多观看项目展示的经验，因此可以就展示的清晰度或观看的感受提出反馈意见。

如果你想请他人给你提出反馈意见，要事先告知他们，并具体说明你希望他们关注什么。如果你想让别人对你的会议主持技巧提出反馈意见，不妨这样说：

> "我很想听听你对我会议主持技巧的看法。下周二，我要与财务部人员一起开个头脑风暴会议，目的是探索解决方案。因为你也参加会议，所以我想请你留意一下我是如何主持的，尤其是如何让比较安静的团队成员参与头脑风暴的。周三的咖啡时间给我一些反馈意见好吗？我将不胜感激。"

无论由谁提供反馈，都必须确保提供者和接收者之间的对话遵循图 8-2 中概述的五步流程。

观察

在谈话开始时，反馈意见的提供者应告知接收者其反馈是基于哪些观察结果得出的，这些应该是具体且有据可依的。例如："在昨天的会议上，当你与财务总监讨论业务计划时，你有一种越过他说话的倾向，而且当时你的肢体语言极具对抗性。"

影响

然后，提供者应解释通过这次观察发现的情况，可能会对他们有什么影响。这样一来，反馈的重要性就显而易见了。例如："你对财务总监的行为让我担心你的人际交往能力，也担心他今后可能会不那么支持我们的工作了。"

澄清

此时，提供者应该给接收者一个机会，让他们对提供者观察到的情况予以澄清。在这个例子中，接收者可能会问："我的肢体语言在哪些方面显得具有对抗性呢？"

建议

在准备反馈环节时，提供者应该想好向接收者提出哪些建议，帮助他们改进反馈中提到的问题。继续举例说明，提供者可以建议接收者：今后注意自己的肢体语言，与人交谈时避免过于靠前；和别人说话时要专注；参加员工管理培训课程；等等。

行动

当提供者说完，接收者也对其所付出的时间表示感谢后，是否根据反馈和建议采取行动就取决于接收者本人了。这是反馈的一个关键点。正如你可以拒绝接受反馈一样，你也可以拒绝对其采取行动。不过，一般来说，接收者至少应将收到的反馈记录下来，以便了解自己的优缺点。

何时提供反馈？

在问题解决过程中的任何时候，甚至在任何过程中的任何时候都可以给予或请求他人给予反馈。但是要记住，反馈要私密与及时，你需要为提供反馈安排一个合适的时间。

谁应该提供反馈？

任何人都可以提出反馈意见：团队成员或利益相关方、下级或领导、经验丰富的专家或初出茅庐的小辈。但重要的是，给予反馈要私密进行、及时提供、有据可依，并且反馈对话要遵循图 8-2 中总结的五步流程。

范例

乔西的这个项目比较棘手，要将一种新型软饮推向市场。她的团队成员之一埃里克刚刚向利益相关方做了一次项目中期展示，介绍团队的工作进展。乔西想针对埃里克的展示风格给他一些反馈，因此会议结束后她把埃里克带到一旁。

乔　西：埃里克，今天的项目展示很棒。不知道你是否希望得到一些反馈意见。

埃里克：当然希望，这对我很有帮助。不过今天一天我都很忙，明天早上咖啡时间给我反馈意见好吗？

乔　西：没问题，我们明天上午 10 点左右休息一下，到时候聊 15 分钟。

【第二天的对话】

乔　西：我觉得你昨天的项目展示非常出色，信息清晰，妥善处理了一些棘手的问题，讲话时也照顾到了台下的每一个人。只是有一个地方，下次要注意一些。

埃里克：谢谢，我也觉得昨天的效果还不错。不过，你觉得我需要在哪个方面改进呢？

【观察】

乔　西：在你进行项目展示的时候，你的手似乎无处安放，一直在挥动着，但很多时候与幻灯片的内容并无关联。我发现你的手势没有停过：有时放在口袋里，有时背在身后，有一次还像在祈祷。

埃里克：你说的是，我对这个问题也有些担心。

【影响】

乔　西：别担心，这不是什么大问题，但这样容易分散别人的注意力。有一次，一个人盯着你的手看，而不是看幻灯片，我怀疑他当时也没太注意你在说什么。

【澄清】

埃里克：你有注意到我在项目展示的哪些特定时刻会这样吗？

乔　西：我发现当幻灯片上有大量信息时，这种情况似乎发生得最频繁，不知道是不是紧张的原因。但当幻灯片上只有少量文字，而你所说的内容又是展示的重点时，你的手势就相对少一些。而当幻灯片上有大量文字或复杂图表时，你的手势就会非常密集。不知道我表达的是否清楚？

埃里克：我以前没有想过这个问题，不过你这么一说，好像还真是这样。

【建议】

乔　西：但也不用过于担心。正如我所说的，你这次项目展示总的来说做得很好，不过有的地方可以做得更好。一个建议是认真计划下，什么时候需要用手势来表达观点，你也可以在演讲笔记中做些记录。另外，当你不用手势的时候，给手安排一个合适的位置。如果有讲台，可以考虑把手放在讲台上。如果没有讲台，我看有些人将一只手臂垂在身旁，另一只手在腹部附近轻轻握拳，看起来也很放松。或者，当你再看其他人做演讲时，记下那些看起来不错的手势，然后自己试一试。最关键的是要知道自己的手势会产生什么效果，尽量让自己看起来自然些，但又都在掌控之中。

埃里克：太感谢你了，真的帮了我很多。非常感谢你花时间给我这些反馈意见。

乔　西：不客气。希望改天你也能就我的项目展示方式提一些反馈意见，我发现征求别人的意见总是很有帮助的。

埃里克：好呀，下次你做项目展示的时候，我也会这么做的。再次感谢你，乔西。

【行动】

会谈结束后，埃里克思考着这次反馈。以前他没有重视这个问题，不过他也承认每次演讲时手都比较局促。他决定根据乔西的反馈采取行动。下次做项目展示时，他会提前想出一个合适的手势（他打算参考一些精彩的演讲视频），在脑海中记下到哪张幻灯片时要配合手势，以及怎样的手势等。他很高兴乔西也请他提供反馈意见，为了感谢她对他的帮助，他决定以后也认真给她一些反馈。

要点提示

- 做一个倡导反馈的人。你所在的企业可能自以为拥有良好的反馈文化（多数企业都这样），但实际上却大相径庭。这通常是因为人们害怕提出反馈意见会惹恼他人。但你不要害怕给予他人反馈和要求他人给予你反馈。因为通过给予反馈，你会让人们意识到反馈的益处。如果你询问大家，就会发现反馈其实是有市场的。

- 不要吝啬给予反馈，但也不要给的过多。反馈的频率取决于个人和企业文化。开始时，可以每周向他人提供一次反馈，并要求对方每周也给你一次反馈，之后再根据情况调整频率。可如果每天多次向同一个人提供反馈意见，那么就会降低反馈的效果。为了避免这种情况的发生，在给予反馈前先问问自己："我这个反馈对他有用吗？"

- 也可以向一组人提供反馈。例如，反馈的提供者可以是一个评审小组，而接收者可以是由多人组成的团队。此时尽管反馈不是发生在两个人之间，仍要遵守反馈的原则。

- 一个有效的方式是将负面反馈与正面反馈结合起来，这样可以避免让接收者感到被过度批评或受到打击。同时，也不要勉强给别人反馈或反馈的内容过于琐碎。反馈应该是真挚有益的，如果你只是为了说好话，那么还不如什么也不说。

- 虽然你不是必须要对收到的反馈有所行动，但不这样做最好有充分的理由。要知道，所有反馈都是有益的。即便你不赞同，但你得到反馈这一事实就意味着人们对你或你的行为的看法。

本节小结

- 反馈是一个极其有效的技术。通过反馈，一个人给予另一个人建设性的批评或表扬。它适用于以下方面：
  - 帮助他人成长。
  - 让他人意识到成长的重要性。
  - 建立信任。

- 任何人都可以提供或接收反馈。重点是反馈要私密进行，反馈要及时，更要有据可依。

- 反馈是提供者和接收者之间的双向对话，这一过程分为五个步骤：
  - 提供者进行观察。

- ◆ 提供者解释观察结果可能引发的影响。
- ◆ 接收者必要时做出澄清。
- ◆ 提供者提出改进建议。
- ◆ 接收者决定是否采取相应行动。
- • 反馈并非是斥责他人，而是要帮助他人成长。因此，你应通过反馈让他人了解正面或负面的意见，据此帮助他人保持现状或进行相应改善。

你知道吗？

训练一词最早是 19 世纪中叶牛津大学使用的俚语，用来指代教员。最初这个词带有贬义，指的是为了帮助考生通过考试而对其进行的特殊训练。若干年后，该词开始在体育界使用。

团队管理阶段清单

团队管理贯穿于问题解决的整个流程，在这期间你应该：

- ◆ 确定问题解决团队的成员。
- ◆ 在团队中分配贝尔宾团队 9 个角色。
- ◆ 使用 IT-GROW 框架，帮助团队成员成长。
- ◆ 给予或接受团队各成员的反馈意见。

作者寄语

祝贺你读完了本书的前八章！你已经可以应用 OBTAIN 流程法成功解决问题，也可以利用书中介绍的工具和技术使你的利益相关方和团队感到满意，未来的你一定能够成为解决问题的专家。

在合上这本书且把书中的收获分享给朋友和同事之前，请再思考一下：很多时候，商事活动给人的感觉就像一场无休止的赛跑，总得向前看并保有不断进步的渴望。我们似乎从来没有时间回顾过去，从来没有时间反思走过的历程，也很少在工作日（甚至非工作日）给自己留出空间，从过去的错误和胜利中汲取教训和经验。这是一个最大的败笔，也是为什么无数次我们都不能吸取历史教训的原因。

因此，当你完成 OBTAIN 流程法的学习，或者只是其中一个阶段的学习，甚至只是其中一个工具的学习时，一定要花时间反思这段学习给你带来了什么。将这些心得记录下来，制订一个计划加以改进。你可以根据自己的喜好量身定制工具或技术，可以提出新的方法，也可以更多的认识自己，了解自己在不同情况下的应对方式。正如伟大的政治家温斯顿·丘吉尔（Winston Churchill）所言："不从历史中汲取教训的人，注定要重蹈覆辙。"请你谨记这句至理名言，祝愿你在今后解决问题的事业中取得更大进步。

第 2 部分

商业工具和框架

第 9 章
主要商业工具和框架

09

本书出于两个原因收录了以下工具和框架。首先，这些都是常用的强大工具，有助于解决商业难题。其次，尽管这些工具和框架可能并不完全直接适用于 OBTAIN 流程法，但可以用作该流程不同阶段的补充，或作为独立的技术使用。

表 9-1 是在 OBTAIN 流程法中适用的主要工具和框架。

表 9-1 应用场景

	概述	拆解	检验	分析	设想	通知	管理团队	管理利益相关方
营销 4P 法则		✓	✓			✓		
5Cs 模型	✓		✓	✓				
安索夫矩阵		✓		✓		✓	✓	
BCG 增长 - 份额矩阵				✓	✓			
基准化	✓				✓			
空白模型画布			✓	✓	✓	✓	✓	
头脑风暴法		✓	✓	✓				
德 · 博诺的 6 顶思考帽			✓	✓	✓			
同理心映射			✓	✓				
Kano 分析模型			✓	✓	✓			
麦克里兰的需求理论							✓	✓
麦肯锡 7S 模型			✓		✓	✓		
PESTEL 分析法		✓	✓	✓				
波特五力分析模型		✓		✓				
产品市场契合度				✓	✓	✓		
服务映射		✓	✓	✓			✓	
SWOT 分析法	✓			✓				
价值链分析法		✓	✓	✓				

营销 4P 法则

什么是营销 4P 法则?

营销 4P 法则（又称"营销组合"）有助于帮你了解如何给产品进行市场定位。

何时使用营销 4P 法则?

策划将产品或服务推向市场的战略规划过程中，经常会用到营销 4P 法则。但它不仅局限于此，也适用于其他诸多场景。例如，它可应用于问题树形图中，进行潜在的市场营销分解分析；也可应用于假设树形图中，如用于测试当前的市场战略或是在最终报告中构建建议框架。

如何使用营销 4P 法则?

营销 4P 法则（见图 9-1）帮助你思考向客户提供服务时需要考虑的要素。

每个 P 项代表的是营销战略的一项决定。

- 价格（Price）——定价策略、季节性变化、批量折扣等。
- 产品（Product）——客户需求、品牌、与竞争对手的区别等。
- 渠道（Place）——供应商、销售队伍需求、仓储等。
- 推广（Promotion）——广告、营销活动的时间安排、营销预算等。

做这些决定时，你要始终牢记目标受众。他们想从产品中得到什么？如何才能最好地满足他们的需求？

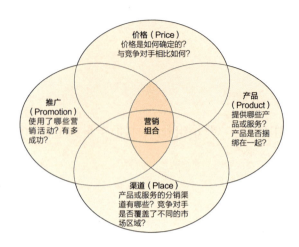

图 9-1　营销组合

5Cs 模型

什么是 5Cs 模型？

5Cs 模型是企业内开展战略分析的一个简单框架。通过回答各部分提出的问题，你会对企业面临的难题有详细的了解。

何时使用 5Cs 模型？

任何时候都可使用，只要你想更多地了解某个企业（无论是自己所在的企业、竞争对手的企业，还是你方拟收购的企业），5Cs 模型都是你进行战略分析的有效工具。

如何使用 5Cs 模型？

思考 5Cs 模型中的每一个"C"，回答表 9-2 中提出的问题以及任何相关的其他问题。

表 9-2　与 5Cs 模型相关的问题范例

5Cs	问题范例
企业（Company）	公司的营业额是多少？ 提供哪些产品或服务？有哪些优势和劣势？
竞争（Competition）	竞争对手是谁？ 他们占有多大的市场份额？ 他们拥有哪些战略优势？
成本（Costs）	成本是多少？是固定成本还是可变成本？ 成本与行业平均水平相比如何？有哪些降低成本的可能？
客户（Customers）	客户是谁？ 客户的需求是什么？他们的需求是否得到了满足？如何增加客户数量？
渠道（Channels）	所提供产品或服务的分销渠道有哪些？ 如何增加分销渠道？哪些市场领域尚未开发？

从对 5Cs 模型相关问题的回答中，你能够了解目标企业的性质。该模型可以作为对 SWOT 分析法、麦肯锡 7S 模型和 PESTEL 分析法的补充工具使用。

安索夫矩阵

什么是安索夫矩阵？

安索夫矩阵由战略管理的主要思想家之一伊格尔·安索夫（Igor Ansoff）开创，它有助于确定产品或服务的企业发展战略。

何时使用安索夫矩阵？

矩阵中描述的不同增长象限为思考增长战略提供了一个可靠的视角。该矩阵可应用于假设树形图中，对现有或新的增长战略进行假设检验；或者在思考所需的分析类型时加以应用，以便了解战略方案中可能涉及的风险。

如何使用安索夫矩阵？

矩阵中的每个象限都描述了一种不同的增长战略，企业可根据其提供的产品和所处的市场进行选择（见图9-2）。

图9-2　安索夫矩阵范例

资料来源: Strategies of Diversification, *Harvard Business Review*, 25（5）, 113 - 25, Sept - oct, Ansoff, I. 1957。

每种战略都伴随着不同的益处和风险：

市场渗透

这是风险最小的选择，不需要研发新产品或进入新市场。其成功取决于当前市场是否饱和。只有在市场有增长前景、竞争对手的市场份额下降，可以实现规模经济、可以向现有客户销售更多产品的情况下，才能选择此种战略。

市场研发

这是风险中等的选择，可凭借现有产品进入新市场。当存在尚未开发的市场、进入该类市场的分销渠道便利且企业有能力进入新市场时，可选择此种战略。

产品研发

这是风险中等的选择，可研发新产品提供给现有客户。新产品可以替代、改进或补充现有产品。当企业有能力投资于新产品的研发、当前市场有增长趋势且企业拥有强大的品牌形象、能保证新产品的研发基础时，可选择此种战略。

多元化

这是风险最大的战略，可向新市场提供新产品。多元化经营包含两种类型：相关型（新市场和新产品与企业现有市场和产品具有某些共性）和非相关型（新市场和新产品对企业来讲完全未知）。相关的多元化经营战略又可细分为三种不同形式：

- 横向多元化——向企业现有市场提供全新产品。
- 纵向多元化——根据现有客户的需求量身定制新产品。
- 同心多元化——将与现有产品类似的新产品引入全新市场。

此外还有一种与上述分类不同的多元化经营形式：

- 集团多元化——向新市场提供全新形式的产品，这是风险最高的选择。

BCG 增长 - 份额矩阵

什么是 BCG 增长 - 份额矩阵？

BCG 增长 - 份额矩阵（全称 BCG 市场增长率 - 相对市场份额矩阵）由波士顿咨询公司的布鲁斯·亨德森（Bruce Henderson）于 20 世纪 70 年代初开发，是一种应用简单却功能强大的工具，该矩阵有助于了解企业投资组合中产品或服务的利润和增长潜力。

何时使用 BCG 增长 - 份额矩阵？

当企业想规划投资组合或想了解潜在投资者如何看待企业的产品或服务时，可应用 BCG 增长 - 份额矩阵。

如何使用 BCG 增长 - 份额矩阵？

矩阵的两个坐标轴分别是产品或服务相对于竞争对手的市场份额，以及产品或服务的市场增长率（见图 9-3）。有效使用该矩阵的关键是要保持一致性和客观性，因此在画矩阵之前要先制定一套使用标准。"高"市场增长率可以设为每年 8% 的实际增长率，相对较"低"的市场份额可以设为市场领军者规模的 1/4。一致性和对当前市场的准确把握是设置合理标准的关键，标准合理才能有效分析。

尽管矩阵对全面了解企业的产品组合大有帮助，但也有批评者质疑，认为需要进一步调查矩阵的基本假设，即投资总是带来市场的增长和利润的增加。然而事实并非总是如此。

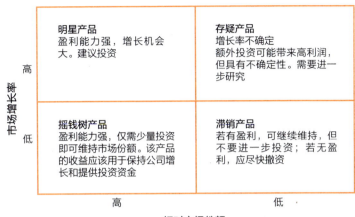

图 9-3 BCG 增长 – 份额矩阵

资料来源：改编自波士顿咨询公司的产品组合矩阵（The BCG Portfolio Matrix），经许可转载。

基准化

什么是基准化？

业绩最佳的企业总是那些不断攀登、力求卓越的企业。通过基准化，你可以了解所在企业在流程和绩效方面与同行的差距。

何时使用基准化？

基准化有助于了解企业的性质，制定切合实际的目标，通过探寻行业最佳做法为你的解决方案出谋划策。它还适用于企业外围环境。例如，在进行工作与生活满意度评估时，可以通过与他人对比更了解自己的状况（请参见第 7.3 节）。

如何使用基准化？

一般来说，基准化包含四种类型（见表 9-3）。每种类型各具优势，适用于不同场景。

表 9-3　基准化的不同类型

类型	目标	优势
组织型	比较企业内不同部门的绩效	在企业内推广优良做法；提高对企业不同做法的认识；在企业绩效中引入竞争元素
业绩型	与直接竞争对手比较运营绩效	了解竞争对手的绩效；学习竞争对手的过人之处，规避竞争对手的短板；提高对客户价值的认识
功能型	比较整个行业内的运营流程	了解如何通过复制行业最佳做法来改进自己的内部流程
外部型	了解非相关行业的最佳实践流程	深入了解非相关行业的最佳做法，从而激发创造性思维，提升创新服务

一旦选定了拟开展的基准化类型，就应遵循四步流程：

- 了解拟评估企业自身的商业流程。
- 收集评估所需的数据。
- 分析数据，了解企业与业内最佳做法的差距。
- 酌情采用业内最佳做法流程以提高绩效。

空白模型画布

什么是空白模型画布？

人们往往只用一句话来陈述一项新的商业理念或变革。例如，"我们要采用 Uber 式的平台招聘方法"。如此这般过于简短，人们难以对其进行有效的分析。空白模型画布为充实想法提供了一个简单的框架。

何时使用空白模型画布？

任何时候均可使用，只要有人有创业的新想法新主张时，空白模型画布就是检验该主张的有效方法。可以将其视为另一种形式的假设检验（见表9-4）。

表9-4　空白模型画布

主要伙伴	主要活动	价值主张	客户关系	客户细分
谁帮助我们完成这项工作？	我们要为客户提供什么？	我们的独特之处是什么？如何让我们从众多竞争者中脱颖而出？	客户体验是怎样的？他们如何与我们打交道？	我们为哪些客户服务？
	主要资源 我们需要哪些资源来开展这些活动？		**渠道** 我们如何与客户打交道？	我们没有服务哪些客户？
成本结构 相关成本是多少？哪些是固定成本？哪些是可变成本？			**收入流** 客户把钱花在什么地方？他们愿意花多少？	

如何使用空白模型画布？

空白模型画布的工作原理是在纸上写下你对企业如何运作的想法，如此可以帮你理清思路，找出你不确定和需要投入更多精力的地方，邀请他人提供专业知识和意见。

头脑风暴法

什么是头脑风暴法？

头脑风暴法是鼓励参与者提出有创意或创新的想法来解决问题，因此要在轻松、不那么正式、不评判对错的环境下进行，目的是让每个人都为解决某个具体问题出谋划策。头脑风暴法只有一个必须遵守的原则，那就是头脑风暴会议上没有所谓的坏主意。即便一个想法不能解决讨论中的问题，也可以给团队中的其他成员以启发，并帮助他们产生更好的想法。

何时使用头脑风暴法？

头脑风暴法可以贯穿整个 OBTAIN 流程法中，适用于多种商业场景。任何时候，只要你发现自己陷入了同样的思维模式，或是"只见树木，不见森林"，头脑风暴法就能帮助你。头脑风暴法鼓励创造和创新，帮助人们在思维上保持活跃。头脑风暴法不讲论资排辈，每个人的想法都同样重要，这有助于团队精神的建立。头脑风暴法也可以单独进行，比如在一张白纸上勾勒你的想法，看看这会把你引向何方。

如何使用头脑风暴法？

头脑风暴会议应该是轻松、愉悦、非正式的。制定严格的规则会让人拘束、妨碍预期效果，以下是一些可以参考的做法：

- 会议地点应舒适，最好不在平时的工作地点。
- 提供水果、健康零食、咖啡等，以便保持精力充沛。
- 每个人都应自我介绍。
- 通过破冰游戏来营造轻松的氛围（见以下范例）。
- 指定一人担任本环节的创意记录员，将大家的想法写在挂图或白板上。
- 明确说明会议目的，通常是为解决某个问题出谋划策。
- 请大家先各自提出自己的想法。
- 在小组成员说出或讨论某些想法时，确保不会有人对某个想法或某个人持敌意或批评态度。

- 每次只有一个人发言。如果有人越过他人发言，提醒他要先举手，以此引起大家的注意，共同杜绝不好的行为。
- 创建一个"停车场"，储存会议期间提出的、与当前讨论内容不太相符的独特想法。会议结束时，再重新审视一遍。
- 鼓励和促进创造力。建议大家从完全不同的、意想不到的行业中寻找创意。提出类似"主题公园会如何处理这个问题""火星人会如何看待这个问题"等看似不着边际的问题，让大家跳出固有的思维模式。
- 适当休息，保持精力充沛。效果好的头脑风暴会议往往容易让人感到疲惫，如果参与者表现出疲劳，那么就不要强迫他们继续进行。
- 会议结束后，指派专人撰写会议记录，发给团队其他成员征求意见。

范例

破冰活动
- 每个人向团队其他成员讲述自己的三个"事实"：两个真的，一个假的。大家来猜哪一个是假的。
- 每个人都要回答一个问题："如果你是一种动物，你会选择哪种动物？为什么？"
- 在安静的环境中，每个人默念自己生日所在的月份，直到大家猜出是几月为止。

德·博诺的 6 顶思考帽

什么是德·博诺的 6 顶思考帽？

爱德华·德·博诺（Edward de Bono）的 6 顶思考帽就是迫使自己（和企业）以不同的方式思考问题或寻求解决方案。

何时使用德·博诺的 6 顶思考帽？

德·博诺 6 顶思考帽通常在头脑风暴或研讨会中使用最为有效。不同颜色的帽子代表着对某一特定问题或战略具有不同的探究重点。首先，要决定好打算分析什么问题或战略。一旦决定了，就要在不同颜色的"帽子"中循环讨论这个问题。如果是以小组为单位，每个人应同时拥有一顶颜色相同的"帽子"，根据"帽子"的特征对问题提出意见（见表 9-5），然后渐次拿到其他颜色的"帽子"，循环前述。如果是以个人为单位，这些帽子可以提醒我们在考虑战略方案或解决方案时要从不同的角度出发进行思考。

如何使用德·博诺的 6 顶思考帽？

根据目前所戴"帽子"的颜色，将讨论重点放在该种颜色的特质上。

表 9-5　德·博诺 6 顶思考帽的特征

帽子	特征	关注重点	问题
白色	事实	数据	我们有哪些信息？我们缺少哪些信息？我们对自己的数据有多大把握？
红色	情绪	感受	我们的"直觉"怎么说？我们的感受如何？ 我们的决心有多大？
黑色	谨慎	缺点	我们面临哪些障碍？我们会失去什么？有多少现实性？
黄色	乐观	优点	我们怎样才能做到？有哪些积极因素？ 有哪些机遇？
绿色	创造力	可能性	我们能否颠覆自己的思维？ 我们可以利用哪些新技术？ 我们能从其他行业学到什么？
蓝色	过程	管理	什么是真正重要的？结论是什么？我们该如何前进？

听取这 6 顶不同"帽子"对应的意见，就能保证你从各个角度审视问题。

同理心映射

什么是同理心映射？

同理心映射是用于了解用户的工具，通过四个不同的类别，帮助你深入了解用户的体验。具体做法是，在一页纸上画出四个象限，以此了解你的用户。图9-4显示的是同理心映射范例。

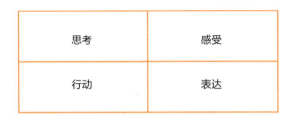

图9-4　同理心映射范例

何时使用同理心映射？

同理心映射在问题解决流程中的两个阶段尤为有用。一是当你试图更多地了解产品或服务现状时；二是当你与用户测试新的解决方案时。

如何使用同理心映射？

同理心映射是指与一个人（即用户）交谈，了解他们使用产品或服务的体检。这一过程能帮助你了解以下四个方面的问题：

- 表达：用户如何评价这项服务？例如："我非常喜欢这个品牌，我信任这个品牌。"
- 思考：用户对服务的真实想法是什么？例如："服务太慢了，需要很长时间的等待。"
- 行动：用户如何与服务互动？例如，登录、输入详细信息、点击链接、提交信息、等待回复等。

- **感受**：用户对服务的感受如何？例如，沮丧、气愤、恼火。

Kano 分析模型

什么是 Kano 分析模型？

Kano 分析模型是狩野纪昭（Noriaki Kano）教授于 20 世纪 80 年代开发的工具，用以了解如何满足并超越客户的期望。

何时使用 Kano 分析模型？

Kano 分析模型常用于制造业，了解产品的哪些方面能够满足客户的需求。此外，该模型也同样适用于了解如何满足和超越利益相关方的期望（请参见第 7 章）、如何满足和超越培养关系的期望（请参见第 8 章）等。将团队和利益相关方视为你的客户，Kano 分析模型的原理必能助你超出预期。

如何使用 Kano 分析模型？

Kano 分析模型认为，客户对你的表现有三种反应：高兴、满意和不满意（见图 9-5）。而你提供的产品（或作为团队管理者的行动等）位于该模型的某个位置。你要确保对客户满意或不满意的方面始终有所行动，否则就会引起客户的反感。例如，在培养关系中，受训者可能会将"参与培养关系对话"评为不满意，而将"帮助我思考我的目标"评为满意。如果你对此没有采取相应行动，那么受训者会对你这个"教练"非常不满意；可即便你采取了某些行动，也恐怕难以超出受训者的预期。受训者可能会认为"只要我需要，就会抽出时间与我进行额外的培养谈话"是一个令其高兴的行为。通常受训者也不会明确要求你这样做，但如果你这样做了，他们就会十分高兴。因此，在与利益相关方和团队的关系中，你需要了解哪些是让他们感到高兴的行为。收集这方面的数据不太容易，你可以通过询问客户（或者你的团队或利益相关方）来获取，但有些时候又不太合适。因此很多时候，你只能凭直觉。不过，一旦你能准确把握让客户高兴的点，你所提供的服务就能超出他们对你的预期，这就是极为理想的效果。

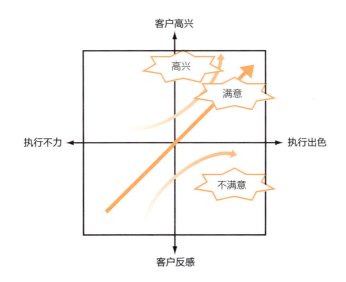

图 9-5　Kano 分析模型：客户的反应

资料来源：改编自《日本质量控制学会期刊》中的《上乘的质量和必备的质量》，1984 年 4 月：39 - 48，经许可转载。

麦克里兰的需求理论

什么是麦克里兰的需求理论？

美国心理学家戴维·麦克里兰（David McClelland）提出，人类做事情的动机（因人而异）来自三种基本需求：成就感需求、权力需求和亲密感需求。

何时使用麦克里兰的需求理论？

在对个人进行管理时（详见第 8 章），麦克里兰的需求理论为我们提供了一个实用的框架，用于思考有助于提高工作积极性，进而提高工作成就感和工作效率的行为。麦克里兰同时也开发出了"主题统觉测验"（Thematic Apperception Test，TAT），该测验能更详细地了解个体对三种需求的偏好程度。尽管主题统觉测验普遍用于心理学研究，但也并非没有缺点。因此，麦克里兰的需求理论更适合用作思考激励技巧的框架，而不能作为必须遵守的严肃理论。

如何使用麦克里兰的需求理论？

根据麦克里兰的需求理论，你可以利用表 9-6 中列出的内容具体分析自己的需求倾向。

麦克里兰提出的三种需求并不相互排斥。通过需求理论，了解不同个体对三种需求的不同侧重点，可以为如何激发团队提供一种有益的思路。

表 9-6　麦克里兰的三种基本需求

高度需要	特征	工作风格	管理要点
成就感	力争做到最好。制定具有挑战性但现实的目标。不喜欢不切实际的目标，因为无法予以掌控	喜欢单独工作或与其他追求高业绩的人一起工作	提供反馈，帮助他们监测实现目标的进展情况
亲密感	需要他人的认可和良好的人际关系。不喜欢冲突	喜欢团队工作，合作意识强	可能会为了不得罪人而不敢表达自己的观点。尽量消除他们自认为可能会使团队不睦的担心，这些担心通常没有来由

高度需要	特征	工作风格	管理要点
权力	包括个人权力（支配他人的权力）和机构权力（承担企业责任）	有个人权力偏好的人倾向于指挥他人；有机构权力偏好的人倾向于组织他人或利用团队的能量	个人的权力偏好可能会破坏团队的活力，因此需要谨慎管理，要明确什么行为在工作场所是可以接受的，以及无视这些行为有什么后果。机构权力偏好可以产生良好的组织效果，但要注意，如果不加以控制，可能会导致过高的控制欲

麦肯锡 7S 模型

什么是麦肯锡 7S 模型？

麦肯锡 7S 模型是麦肯锡公司的顾问沃特斯、彼得和菲利浦于 20 世纪 80 年代开发出来的工具，它有助于将企业取得成功的所有要素统一协调起来。这就形成了一种良性、全面的战略，所有正向因素相互促进、相互支持。

何时使用麦肯锡 7S 模型？

该模型有多种使用方式。通常，在企业面临变革时，借助该模型可以生成一份需要考虑的要素清单。例如，你正在考虑改变员工的队伍构成（即影响"员工"要素），你就要问自己："这会对模型内的其他六个要素产生什么影响？"7S 模型的相互关联性能帮助你了解一个改变可能带来哪些连锁反应。在 OBTAIN 流程法中，你可以使用该模型拆解问题树形图中的问题，检验假设树形图中的设想，或者思考实施解决方案的影响等。

如何使用麦肯锡 7S 模型？

7S 模型将企业成功的七个组织要素分为两类："硬"要素和"软"要素。前者即有形的、易于识别和管理的要素；后者即无形的、经常遭到忽视的要素。"软""硬"要素同等重要。图 9-6 概括了这些要素。

首先这些要素的定义如下：

- **战略**——公司的既定目标和实现目标的计划。
- **结构**——组织结构和等级划分。
- **制度**——公司日常工作中采用的程序和流程。
- **风格**——整个企业表现出的领导力。
- **员工**——为企业工作的人员。
- **技能**——由其他六个要素（不仅仅是员工）共同形成的组织能力。
- **共同价值观**——企业文化，人们对公司的信念和期望。

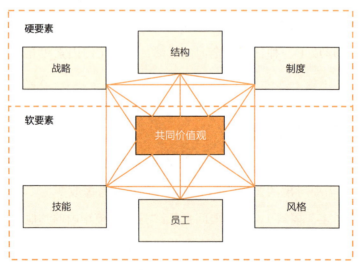

图 9-6 "硬"要素和"软"要素

资料来源："Structure is not organization", *McKinsey Quarterly*, Waterman, R.H., Peters, T.J. and Phillips, J.R.。

PESTEL 分析法

什么是 PESTEL 分析法?

PESTEL 分析法为了解企业所处宏观环境发生的变化提供了框架。

何时使用 PESTEL 分析法?

在问题解决流程的早期阶段,你需要为了解当前问题打下基础,这正是使用 PESTEL 分析法的好时候。

如何使用 PESTEL 分析法?

PESTEL 分析法注重的是潜在变化对公司经营环境的影响。该分析法着眼于 6 个领域并覆盖以下因素

- 这些因素改变的可能性有多大?
- 这些因素对企业有多重要?

PESTEL 是该分析法所包含的 6 个因素的缩写(见表 9-7)。

表 9-7　PESTEL 工具 6 个需要考虑的因素

因素	范例问题
政治(Political)	即政府政策,如基础设施投资
经济(Economic)	即利率、税收水平、通货膨胀、经济增长等
社会(Social)	即不断变化的趋势,如转向更健康的生活方式
技术(Technological)	即新产品或开展业务的方式,如网上购物
环境(Environmental)	即需要达到碳排放目标
法律(Legal)	即退休年龄、健康与安全、版权问题

通过确定未来可能影响企业的关键问题,就能更好地了解当前问题的解决方案可能会在怎样的背景下实施。

波特五力分析模型

什么是波特五力分析模型？

世界著名商业战略学家迈克尔·波特（Michael Porter）在其《竞争战略》（*Competitive Strategy*）一书中指出了决定行业竞争力的五种力量。

何时使用波特五力分析模型？

在以下两种情况下，企业应考虑使用波特五力分析模型：

- 希望进入新行业。
- 希望了解自己目前在行业中的地位。

如何使用波特五力分析模型？

通过确定影响某一行业动态的五种不同力量，你可以分析企业当前或未来与这些力量相关的绩效（视具体情况而定）。五种力量如图 9-7 所示。

对于每一种力量，你都要问自己一系列问题：

- 新进入者的威胁——新竞争者进入市场的难度如何？
- 替代产品的威胁——用类似产品取代你的产品有多容易？
- 客户议价能力——买家的议价能力如何？例如，他们有多少人？他们掌握多少信息？他们的购买量有多大？
- 供应商的议价能力——供应商对行业有什么影响？例如，有多少家供应商？更换供应商的成本是什么？
- 竞争对手——竞争对手有哪些现有优势？例如，有多少竞争对手？他们的客户忠诚度如何？它们的品牌声誉如何？

图 9-7　波特五力分析模型

资料来源："How competitive forces shape strategy", *Harvard Business Review*, March/April, Porter, M.。

产品市场契合度

什么是产品市场契合度？

网景公司创始人、现任初创企业顾问兼投资人马克·安德森（Marc Andreessen）于 21 世纪初推广了产品市场契合度这一理念。该理念并不复杂，它主张一个健康的企业需要做到产品与市场的契合：产品有需求，客户愿意为产品买单。

何时使用产品市场契合度？

如果你在解决问题的过程中得出结论，新产品可以有效解决企业面临的问题，那么此时产品市场契合度能帮助你深入思考。

如何使用产品市场契合度？

产品市场契合度包含六个步骤：

- 定位目标客户。
- 了解客户需求（可借助"用户研究"）。
- 明确产品的价值（可借助"空白模型画布"）。
- 明确能够满足目标客户需求的最小可行性产品（Minimum Viable Product, MVP）。这里有一个实用的规则，如果接受调查的目标客户中有 40% 的人表示他们非常看重 MVP 中的某项功能，那么 MVP 中就应该有这项功能。
- 开发 MVP 原型。
- 与客户一起测试 MVP，并从反馈中学习。

服务映射

什么是服务映射？

服务映射是将用户或客户使用特定服务的过程可视化。如此，你就可以通过客户的眼睛看到他们的端对端体验，服务映射还能帮助你将客户体验与业务实践联系起来。

何时使用服务映射？

服务映射尤其适用于当你想要了解当前的情况时。通过客户的视角看问题，可以发现客户在当前服务中面临的问题。

如何使用服务映射？

服务映射涉及两个方面：第一，观察客户在服务过程中的行为；第二，了解企业在服务过程中的行为。

通过分析，你可以从客户和业务的角度找出流程中存在的问题。服务映射范例如图 9–8 所示。

步骤	熟悉产品	验证	评估	通知	跟进
用户体验渠道	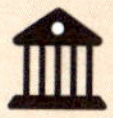	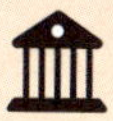	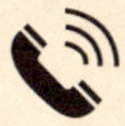	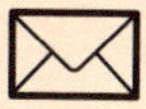	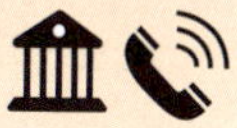
企业运作流程	例如，去银行，要求提供身份详情				

图 9–8　服务映射范例

SWOT 分析法

什么是 SWOT 分析法？

SWOT 分析法提供了一个简易的框架，用于思考企业及其所处行业面临的一些关键问题，SWOT 分别指代优势（Strength）、劣势（Weakness）、机遇（Opportunity）和威胁（Threat）。

何时使用 SWOT 分析法？

尽早采用 SWOT 进行分析十分必要，它能为问题解决流程的顺利推进奠定基础。如果等到流程后期才启用，就很容易忽略现状，让你的分析充斥着假设和臆断。SWOT 分析法在问题陈述环节能发挥很大的作用，尤其有助于了解问题背后的背景。

如何使用 SWOT 分析法？

SWOT 分析法由四个问题驱动，分别考虑企业内部和外部的健康状况
（见图 9-9）：

- 企业目前的内部优势是什么？例如：特殊的专业技能；受人尊敬的品牌
  声誉；庞大的现有客户群。
- 企业目前的内部劣势是什么？例如：缺乏专业知识；品牌形象不佳；现
  有客户群较小。
- 企业未来有哪些外部机遇？例如：发展中国家的新市场；日益富裕的目
  标人群；竞争对手近期失利。
- 企业未来面临哪些外部威胁？例如：市场饱和；客户购买力下降；监管
  变化。

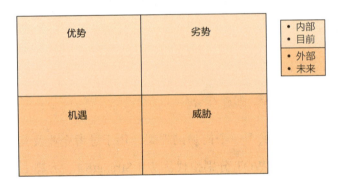

图 9-9　SWOT 分析法

SWOT 分析法虽然简单有效，但在使用时要记住几个要点：

- 尽可能有据可依，尽可能具体，SWOT 分析法本质上是高度主观的。
- 你是在与今天的企业打交道，而不是在未来假设的某种场景中。
- SWOT 分析法中的所有问题并非同等重要，在适当情况下，要排出优先
  顺序。

价值链分析法

什么是价值链分析法？

波特在 1985 年出版的《竞争优势》（*Competitive Advantage*）一书中提出了价值链分析法，将企业的业绩分为"基本"活动和"支持性"活动。这种分析方法基于这样一种理念，即通过细分企业的不同活动并评估每项活动的绩效，可以看出企业真正的优势和劣势所在。

何时使用价值链分析法？

价值链分析法主要用于了解企业的竞争优势（如果有的话），换言之，就是一家企业比竞争对手更擅长什么。了解这一点，就可以调整企业战略，专注于具有竞争价值的活动来实现价值最大化，放弃或外包那些价值最小的活动来实现成本最小化。

如何使用价值链分析法？

波特将价值链的九个不同要素分为两组：

基本活动

- **进货物流**——将来料接收、储存和分组，以生产或提供价值链中的产品或服务。
- **生产作业**——来料被加工和转化为最终的产品或服务。
- **出货物流**——将成品或服务储存和分销。
- **营销和销售**——鼓励潜在客户购买产品或服务的活动（如广告、促销、销售等）。
- **服务**——客户购买产品或服务后为其提供的支持。

支持性活动

- 企业基础设施——包括企业内的架构和会计制度等。
- 人力资源管理——招聘、培训、留用、薪酬等。
- 技术开发——研发、产品改进等。
- 采购——包括购买、提供产品或服务所需的来料等。

价值链分析法的宗旨是让价值链上的所有活动都能为最终客户带来高于每项活动成本的价值。如果能做到这一点，企业就能获得良好的利润率。

然而，很少有企业能够在价值链的所有活动中都表现出色。通过拆解价值链中的不同要素，分析企业针对各要素的优势和劣势，你可以深入了解企业的优势所在。如此，你就可以把工作重心放在打造企业"竞争优势"（企业在价值链中的优势）为主的战略上。

附　录

如何将工具和技术融入 OBTAIN 流程法中

章节	涵盖的工具与技术
1　概述问题	
1.1　即便问题庞杂，也凝练于一页纸之内	问题陈述
1.2　你要了解的关键问题	VCPH 工具包，即价值（Value）—背景（Context）—绩效（Performance）—假设（Hypotheses）
1.3　从用户视角看待问题	用户研究
2　拆解问题	
2.1　厘清混乱局面	问题树形图
2.2　设定工作优先级别，提高效率，实现最佳产出比	2×2 优先矩阵 工作计划
3　检验假设	
3.1　你是医生，问题是你的病人	假设树形图
4　分析问题	
4.1　没有数据，你就一无所有	数据收集
4.2　确保数据安全	针对网络及数据安全的分析
4.3　深度访谈	访谈
4.4　通过提出"为什么"来追溯问题的根源	5 个为什么法
4.5　简化电子数据表格模型	电子数据表格建模
4.6　数据科学和人工智能的应用	跨行业数据挖掘标准流程（CRISP-DM）技术

章节	涵盖的工具与技术
5 设想解决方案	
5.1 设计最佳解决方案	ABC 问题解决方案法，即安排（Arrange）—头脑风暴（Brainstorm）—选择（Choose）
5.2 原型设计与测试解决方案	原型设计
5.3 采用新技术	"构建"或者"购买"矩阵
5.4 实现变革	激励均衡模型
6 通知利益相关方	
6.1 撰写有说服力的报告	撰写报告
6.2 呈现精彩的项目展示	创建演示文稿
7 管理利益相关方	
7.1 了解谁是利益相关方以及如何与之沟通	与利益相关者沟通
7.2 有信任，世界才能运转	赢得信任
7.3 你是最重要的利益相关方	工作与生活满意度评估
8 管理团队	
8.1 组建团队，确保成功	贝尔宾团队角色理论
8.2 帮助他人达成目标	IT-GROW 框架（Intention, Topic—Goal-Reality-Opinion-Will）
8.3 敏捷的工作方式	敏捷原则
8.4 双向反馈	给予反馈意见
9 主要商业工具和框架 为 OBTAIN 流程法补充一些主要商业工具的参考指南	营销 4P 法则，5Cs 模型，安索夫矩阵，BCG 增长 - 份额矩阵，基准化，空白模型画布，头脑风暴法，德·博诺的 6 顶思考帽，同理心映射，Kano 分析模型，麦克里兰的需求理论，麦肯锡 7S 模型，PESTEL 分析法，波特五力分析模型，产品市场契合度，服务映射，SWOT 分析法，价值链分析法

延伸阅读和参考资料

商业文献

数据分析

有关 Microsoft Excel 及其功能的实用介绍请阅读《Excel 高级电子表格项目》(*Spreadsheet Projects in Excel for Advanced Level*)。

基准化

这方面最权威的著作是《战略基准化：如何对照世界最佳标准评估公司业绩》(*Strategic Benchmarking: How to Rate Your Company's Performance against the World's Best*)。

管理变革

如需全面的概述，请阅读《金融时报简报：变革管理》(*Financial Times Briefing: Change Management*)。

训练

极具影响力的著作之一是《训练之道》(*The Tao of Coaching*)。

沟通技巧

有关常用沟通技巧的精彩综述请阅读《提高你的沟通技巧》(*Improve Your Communication Skills*)。

数字转型

极其出色的实用指南《数字化转型实用指南》(*The Practical Guide to Digital Transformation*)。

Kano 分析模型

更多狩野教授对管理技术的思考和见解请阅读《持续改善：日本工业的质量控制循环》（*Continuous Improvement: Quality Control Circles in Japanese Industry*）。

问题解决

有关问题解决的技巧及其如何融入项目管理流程的优秀免费资源请参阅 The PSC: Capability building at thepsc.co.uk/capability–building。

团队管理

有关贝尔宾团队角色理论的更多详情请阅读《管理团队：成败启示录》（*Management Teams: Why They Succeed or Fail*）有关大卫·麦克莱兰（David McClelland）著作的更多信息请阅读《成功的社会》（*The Achieving Society*）。

利益相关方管理

世界领先的管理思想家之一亨利·明茨伯格（Henry Mintzberg）在《管理》（*Managing*）一书中给出了关于利益相关方的精彩观点；关于信任以及如何获得信任的更多详情请阅读《值得信赖的顾问》（*The Trusted Advisor*）。

战略

麦肯锡 7S 模型首次出现在《日本企业管理艺术》（*The Art of Japanese Management*）一书中。

有关波特五力分析模型的更多详情请阅读《竞争战略》（*Competitive Strategy*）。

波特的价值链分析法阐述在《竞争优势：创造和维持卓越绩效》

（*Competitive Advantage: Creating and Sustaining Superior Performance*）一书中。

有关安索夫矩阵的更多详情请阅读《企业战略》（*Corporate Strategy*）。

爱德华·德·博诺（Edward de Bono）的《6项思考帽》（*6 Thinking Hats*）介绍了其同名商业工具。

布鲁斯·亨德森（Bruce Henderson）的BCG增长–份额矩阵最早出现于《产品组合矩阵》（*The Product Portfolio Matrix*）（1970）一书中。

关于常用商业工具的概述请阅读《主要管理模型》（*Key Management Models*）。

工作与生活平衡

有关如何实现工作与生活平衡的更多详情请阅读《管理工作与生活的平衡》（*Managing Work-Life Balance*）。

有关时间管理和提高工作效率的技巧请阅读《高效人士的7个习惯》（*The 7 Habits of Highly Effective People*）。

写作技巧

关于商务写作技巧的重要书目之一是《金字塔原理》（*The Pyramid Principle*）。

你知道吗？

有关管理咨询史的更多详情请阅读克里斯·麦肯纳（Chris McKenna）的《全世界最新的职业》（*The World's Newest Profession*），本书对相关行业有精彩的论述。

笛卡尔的名言"我思故我在"是在《哲学原理》（*Principles of Philosophy*）一书中首次用拉丁语发表的（原书出版于1644年）。

有关英国管理史的更多详情请阅读爱德华·布雷克（Edward Brech）的代表作《现代管理的演变》（*The Evolution of Modern Management*）。

有关计算机和国家历史的精彩论述请阅读乔恩·阿加（Jon Agar）的《政府机器：计算机革命史》（*The Government Machine: A Revolutionary History of the Computer*）。

詹姆斯·索罗维奇（James Surowiecki）的《群众的智慧》（*The Wisdom of Crowds*）对群体智慧理论进行了有趣的探讨。

乔治·波利亚（George Pólya）关于问题解决的里程碑式著作已经再版:《怎样解题：数学思维的新方法》（*How to Solve It: A New Aspect of Mathematical Method*）。

爱德华·塔夫特（Edward Tufte）对幻灯片的批评请阅读他的小册子《幻灯片的认知方式》（*The Cognitive Style of PowerPoint*）。

苏格拉底与柏拉图的兄弟格劳孔关于信任的讨论载于《理想国》（*The Republic*）。

爱德华·奥弗尔（Avner Offer）的《富裕的挑战》（*The Challenge of Affluence*）一书中有更多关于 20 世纪消费主义发展的论述。

理查德·吉勒斯皮（Richard Gillespie）的《制造知识：霍桑实验史》（*Manufacturing Knowledge: A History of the Hawthorne Experiments* ）详细阐述了霍桑效应。

蒂莫西·加尔韦（Timothy Gallwey）的"内在博弈"的理论请阅读《职场内在博弈》（*The Inner Game of Work*）。

最后，关于数据、计算机、利益相关方和训练的词源说明，请参阅《牛津英语词典》（*Oxford English Dictionary*）。

作者致谢

　　自 2011 年本书第一版问世至今，世界发生了翻天覆地的变化，我个人的生活也是如此，但仍有一些事情恒久不变。我始终对 PSC 公司的伙伴和同事们怀有深深的感激之情，感谢他们在过去 17 年中给予我的启迪、耐心和支持。时隔十年，很荣幸能再次与培生（Pearson）携手合作，也永远感念他们帮我出版了这本书的第一版。这些年我对家人和朋友亏欠良多。感谢我的妻子卡罗尔，是她让一切成为可能；我们幸运地养育了两个可爱的孩子。

　　今天，尽管管理和问题解决领域的变革并没有像十多年前预期的那样巨大，但技术的发展无疑是加速了。新的机遇和方法不断丰富着管理者的工具箱——这些进步正是本书新版修订的核心内容。当前，对于严谨性、逻辑性、遵守证据等问题解决之道的需求，也比以往任何时候都要迫切。期望这本书能够继续发挥作用，为读者提供有价值的帮助与指导。